「うちの子《こ》は字《じ》が書《か》けないかも」と思《おも》ったら

発達性《はったつせい》読《よ》み書《か》き障害《しょうがい》の子《こ》の自立《じりつ》を考《かんが》える

宇野《うの》彰《あきら》
千葉《ちば》リョウコ（漫画《まんが》）

ポプラ社

もくじ

こんにちは千葉《ちば》リョウコです！
おかげさまでつづきです!!
この本《ほん》は、前作《ぜんさく》『うちの子《こ》は字《じ》が書《か》けない～発達性《はったつせい》読《よ》み書《か》き障害《しょうがい》の息子《むすこ》がいます～』に続《つづ》く第《だい》2弾《だん》です！
三《さん》兄《きょう》弟《だい》!!
フユ（冬生《ふゆき》）（長男《ちょうなん》　専門学生《せんもんがくせい》）小《しょう》6のとき発達性《はったつせい》読《よ》み書《か》き障害《しょうがい》と判定《はんてい》される
ナツ（夏生《なつお》）（長女《ちょうじょ》　高《こう》2）中《ちゅう》3の終《お》わりに発達性《はったつせい》読《よ》み書《か》き障害《しょうがい》の検査《けんさ》を受《う》ける
アキ（秋生《あき》）（次男《じなん》　小《しょう》4）発達検査《はったつけんさ》でIQ《アイキュー》が高《たか》いことが判明《はんめい》小《しょう》1ですでに人生《じんせい》に対《たい》して斜《しゃ》に構《かま》えていた

父《ちち》
多忙《たぼう》ゆえほとんど家《いえ》には帰《かえ》れず
残《のこ》りのかぞく!!
犬《いぬ》
癒《い》やし
ううっ…
はっはっ
はっ
前作《ぜんさく》は長男《ちょうなん》の発達性読《はったつせいよ》み書《か》き障害《しょうがい》のことを描《か》きましたが
この本《ほん》ではそこでは描《か》ききれなかったフユのその後《ご》
また、親《おや》ができるさまざまなサポートについてを
日本語《にほんご》の発達性読《はったつせいよ》み書《か》き障害《しょうがい》の臨床《りんしょう》や研究《けんきゅう》における第一人者《だいいちにんしゃ》である宇野先生《うのせんせい》に
もっと詳《くわ》しく教《おし》えていただきます!
さらに…
うん?
ははは…
長女《ちょうじょ》ナツの発達性《はったつせい》読《よ》み書《か》き障害《しょうがい》のことも……

そうなんです…ナツも発達性《はったつせい》読《よ》み書《か》き障害《しょうがい》と判定《はんてい》されたのです…
うんっ?
ひらがなカタカナは書《か》けるしー
別《べつ》にそれで良いしさ〜
えー?漢字《かんじ》も英語《えいご》も覚《おぼ》えられないのが普通《ふつう》だし〜
そんなもんだと思《おも》って生《い》きてきたよ〜
……
…とはいえ本人《ほんにん》はこの調子《ちょうし》で…
…長男《ちょうなん》の発達性《はったつせい》読《よ》み書《か》き障害《しょうがい》と向《む》き合《あ》い本《ほん》も出《だ》し……
色々《いろいろ》わかったつもりでいたけどまだまだ全然《ぜんぜん》理解《りかい》できてなかった
宇野《うの》先生《せんせい》どうしたらいいのか教《おし》えて——!

はじめに　どんな未来《みらい》を描《えが》けるか

前《ぜん》ページまでの漫画《まんが》でご紹介《しょうかい》にあずかりました発達性読《はったつせいよ》み書《か》き障害《しょうがい》の研究《けんきゅう》をしている宇野彰《うのあきら》です。僕《ぼく》は、LD《エルディ》・ディスレクシアセンターという、発達性読《はったつせいよ》み書《か》き障害《しょうがい》や小児失語症《しょうにしつごしょう》などの方《かた》の読《よ》み書《か》きや言語発達《げんごはったつ》をサポートするNPO法人《エヌピーオーほうじん》の代表《だいひょう》としては2004年《ねん》から、それ以前《いぜん》の1994年《ねん》からの20年以上《ねんいじょう》にわたり、2000人近《にんちか》くの発達性読《はったつせいよ》み書《か》き障害《しょうがい》のお子《こ》さんを診《み》てきました（LD《エルディ》・ディスレクシアセンターの正式名称《せいしきめいしょう》は「LD・Dyslexiaセンター」ですが、本書《ほんしょ》の文中《ぶんちゅう》では読《よ》みやすさを重視《じゅうし》し、Dyslexiaをカタカナ表記《ひょうき》にします）。

LD《エルディ》・ディスレクシアセンターに発達性読《はったつせいよ》み書《か》き障害《しょうがい》のお子《こ》さんを連《つ》れていらっしゃる保護者《ほごしゃ》の方《かた》からよく受《う》けるのが、「この子《こ》は大学《だいがく》に入《はい》れますか?」という質問《しつもん》です。

子《こ》どもの将来《しょうらい》の目標《もくひょう》、子育《こそだ》ての目標《もくひょう》が「大学《だいがく》に入学《にゅうがく》する」ことで止《と》まってしまっているんですね。当然《とうぜん》ですが、子《こ》どもたちの人生《じんせい》は、18歳以上《さいいじょう》もまだまだ続《つづ》きます。読《よ》み書《か》きが苦手《にがて》な子《こ》どもも、いずれは大人《おとな》になり、社会《しゃかい》に出《で》ます。そのときに、どういった生《い》き方《かた》をしていてほしいのか。どういった状況《じょうきょう》であってほしいのか……。

子育《こそだ》ての目標《もくひょう》は、そこにあるのではないでしょうか。

冒頭《ぼうとう》の質問《しつもん》をされると、こう聞《き》き返《かえ》したくなります。

「ご両親《りょうしん》は、お子《こ》さんを『大学卒業後《だいがくそつぎょうご》どのような職業《しょくぎょう》につかせたい』とお考《かんが》えなのですか？」と。

重要《じゅうよう》なのは、「大学《だいがく》に入《はい》る」ことではなく、「卒業後《そつぎょうご》」ですよね。

大学《だいがく》に入《はい》るためにはペーパーテストで同級生《どうきゅうせい》と争《あらそ》わなくてはいけませんし、当然就職《とうぜんしゅうしょく》の際《さい》にも、ペーパーテストと面接《めんせつ》で争《あらそ》うことになります。読《よ》み書《か》きが苦手《にがて》な人《ひと》は不利《ふり》です。

また、大学生《だいがくせい》の就職活動《しゅうしょくかつどう》の先《さき》にある職業《しょくぎょう》の大半《たいはん》は、企業《きぎょう》に勤《つと》めるサラリーマンです。発達性読《はったつせいよ》み書《か》き障害《しょうがい》のある人《ひと》にとっては、就職活動《しゅうしょくかつどう》も、いわゆるサラリーマンの仕事《しごと》も負担《ふたん》が大《おお》きいものです。業界《ぎょうかい》にもよりますが、就職活動《しゅうしょくかつどう》ではいまだに、いちばん最初《さいしょ》に提出《ていしゅつ》する履《り》歴書《れきしょ》の段階《だんかい》で「手書《てが》き」を推奨《すいしょう》している企業《きぎょう》が多《おお》いのが現実《げんじつ》です。誤字脱字《ごじだつじ》はNG《エヌジー》、しかも書《か》き損《そん》じを修正《しゅうせい》ペンなどで消《け》して上《うえ》から書《か》き直《なお》すこともマナー違反《いはん》と考《かんが》えられています。面接《めんせつ》にたどり着《つ》く前《まえ》に、苦手《にがて》な「文字《もじ》を書《か》く」ことで徹底的《てっていてき》にふるいにかけられてしまうのです。ほかの学生《がくせい》の何倍《なんばい》もの時間《じかん》と労力《ろうりょく》を費《つい》やして書《か》いた履歴書《りれきしょ》で落《お》とされてしまう……それを何度《なんど》も繰《く》り返《かえ》す就職活動《しゅうしょくかつどう》は、発達性読《はったつせいよ》み書《か》き障害《しょうがい》の子《こ》どもにとっては酷《こく》な経験《けいけん》です。

なんとか就職《しゅうしょく》ができたとしても、一般的《いっぱんてき》なサラリーマンの仕事《しごと》では読《よ》み書《か》きをしなければならない場面《ばめん》はたくさんあります。不利《ふり》な条件《じょうけん》で大学入試《だいがくにゅうし》、就職試験《しゅうしょくしけん》をクリアしてもなお、不利《ふり》な条件《じょうけん》で仕事《しごと》をすることになるのです。

「この子《こ》は大学《だいがく》に入れますか？」と質問《しつもん》される保護者《ほごしゃ》の方《かた》は、お子《こ》さんをサラリーマンにしたいから大学《だいがく》に入《い》れたいと考《かんが》えていらっしゃるわけではないと思《おも》います。大学《だいがく》を卒業《そつぎょう》することで子《こ》どもの将来《しょうらい》（職業《しょくぎょう》）の選択肢《せんたくし》が増《ふ》える、希望《きぼう》する道《みち》に進《すす》める。あるいは高卒《こうそつ》や専門学校卒《せんもんがっこうそつ》よりも高収入《こうしゅうにゅう》が得《え》られたり、安定《あんてい》したいい生活《せいかつ》ができるのではないかと漠然《ばくぜん》と考《かんが》えていらっしゃるのではないでしょうか。ところが、大学《だいがく》に入《はい》ることで、将来的《しょうらいてき》に苦手《にがて》なことをし続《つづ》けなければいけなくなるということまでは想像《そうぞう》できていないのですね。

僕《ぼく》は、あえて苦手《にがて》なことで勝負《しょうぶ》する必要《ひつよう》はないと思《おも》っています。むしろ、苦手《にがて》なものは避《さ》けられるのであれば、避《さ》けたほうがよいと考《かんが》えています。それは、「苦手《にがて》なこと」は変《か》わらないからです。トレーニングでできるようになることもありますが、苦手《にがて》なことが得意《とくい》になることはないと思《おも》います。

僕《ぼく》が監修《かんしゅう》をしたこの本《ほん》の第《だい》1弾《だん》『うちの子《こ》は字《じ》が書《か》けない～発達性読《はったつせいよ》み書《か》き障害《しょうがい》の息子《むすこ》がいます～』（千葉《ちば》リョウコ　ポプラ社《しゃ》）の主人公《しゅじんこう》・フユくんは、小学生《しょうがくせい》の頃《ころ》は「ゲームが好《す》きだからゲームを作《つく》る人《ひと》になりたい」と言《い》っていましたが、高校生《こうこうせい》になって自分《じぶん》の得意《とくい》、不得意《ふとくい》を客観《きゃっかん》的《てき》に捉《とら》えられるようになり、「料理《りょうり》の道《みち》に進《すす》む」と調理《ちょうり》の専門学校《せんもんがっこう》への進学《しんがく》を決《き》めました。

苦手《にがて》な「読《よ》み書《か》き」を避《さ》けて、嫌《きら》いじゃない料理《りょうり》の道《みち》へ進《すす》んだほうが、この先長《さきなが》く続《つづ》ける仕事《しごと》としては向《む》いているのではないか……という選択《せんたく》ですね。この考《かんが》え方《かた》が大切《たいせつ》だと思《おも》います。

LD《エルディ》・ディスレクシアセンターでは、通《かよ》っている発達性読《はったつせいよ》み書《か》き障害《しょうがい》の子《こ》どもたちの将来《しょうらい》の目標《もくひょう》を、「国《くに》や社会《しゃかい》からの支援《しえん》の必要《ひつよう》がなくなるようになる」ことだと考《かんが》えて指導《しどう》しています。

では、「国《くに》や社会《しゃかい》からの支援《しえん》の必要《ひつよう》がない」状態《じょうたい》とは、どういうことでしょうか。

僕自身《ぼくじしん》が、「これが目指《めざ》すべき状態《じょうたい》なのかもしれない」としみじみ感《かん》じたエピソードがあるのでご紹介《しょうかい》します。

数年前《すうねんまえ》、僕《ぼく》が学生時代《がくせいじだい》の同窓会《どうそうかい》にはじめて参加《さんか》したときのことです。数十年《すうじゅうねん》ぶりに会《あ》った旧友《きゅうゆう》に、どんな仕事《しごと》をしているのかとたずねられて発達性読《はったつせいよ》み書《か》き障害《しょうがい》の臨床《りんしょう》と研究《けんきゅう》をしていると話《はな》しました。

「俳優《はいゆう》のトム・クルーズや映画監督《えいがかんとく》のスティーヴン・スピルバーグがそうだということで報道《ほうどう》されたこともあるんだけど……」と、発達性読《はったつせいよ》み書《か》き障害《しょうがい》の説明《せつめい》をすると、なんとその旧友《きゅうゆう》は「俺《おれ》、たぶんそれだよ」と言《い》うのです。昔《むかし》から、どんなに練習《れんしゅう》しても字《じ》を書《か》くことが苦手《にがて》だったと。

詳《くわ》しく話《はなし》を聞《き》いたところ、今《いま》も読《よ》み書《か》きは苦手《にがて》だけれど、仕事《しごと》では書類《しょるい》を読《よ》み書《か》きすることがほとんどなく、日々《ひび》の生活《せいかつ》でとくに不便《ふべん》はしていないそうです。

検査《けんさ》をしていないので、彼《かれ》の症状《しょうじょう》がどの程度《ていど》なのか、本当《ほんとう》に発達性読《はったつせいよ》み書《か》き障害《しょうがい》なのかはわかりません。けれど、少《すく》なくとも、「字《じ》が書《か》けない」と自認《じにん》しながらも、国《くに》や社会《しゃかい》の支援《しえん》を受《う》けずに働《はたら》き、結婚《けっこん》し、子《こ》どもを独《ひと》り立《だ》ちさせたというのは事実《じじつ》です。
そして、還暦《かんれき》を迎《むか》える年齢《ねんれい》で、学生時代《がくせいじだい》の同窓会《どうそうかい》に参加《さんか》できるくらいの時間的《じかんてき》、経済的《けいざいてき》、精《せい》神的《しんてき》な余裕《よゆう》もある。おそらく健康《けんこう》でもある。長年仕事《ながねんしごと》を続《つづ》けてきたことへの自信《じしん》もあり、「読《よ》み書《か》きできない」ことで困《こま》っていない。

彼《かれ》の姿《すがた》を見《み》て、僕《ぼく》は、これこそが発達性読《はったつせいよ》み書《か》き障害《しょうがい》の子《こ》どもたちが目指《めざ》すべき「国《くに》や社会《しゃかい》の支援《しえん》の必要《ひつよう》がない状態《じょうたい》」だと感《かん》じました。

苦手《にがて》な読《よ》み書《か》きがあまり必要《ひつよう》でない（重要《じゅうよう》でない）仕事《しごと》につき、家族《かぞく》や友人《ゆうじん》、同僚《どうりょう》など身近《みぢか》な人《ひと》のサポートは受《う》けつつも、国《くに》や社会《しゃかい》の支援《しえん》の必要《ひつよう》なく、自立《じりつ》した生活《せいかつ》を送《おく》る。

そうした将来《しょうらい》を得《え》るために、当事者《とうじしゃ》である子《こ》どもたちは自分《じぶん》の将来《しょうらい》をどのように考《かんが》え、どのような力《ちから》をつける必要《ひつよう》があるのか。そのために保護者《ほごしゃ》はどういったサポートができるのか……。

本書《ほんしょ》では、自分《じぶん》の子《こ》どもが発達性読《はったつせいよ》み書《か》き障害《しょうがい》かもしれないと気付《きづ》いたら、あるいは、発達《はったつ》性読《せいよ》み書《か》き障害《しょうがい》であると判定《はんてい》されたら、親《おや》になにができるのかということを、実際《じっさい》に発達性読《はったつせいよ》み書《か》き障害《しょうがい》のお子《こ》さんふたりを育《そだ》てている千葉《ちば》リョウコさんとともに考《かんが》えていきたいと思《おも》います。

巻頭《かんとう》の漫画《まんが》で、フユくんの妹《いもうと》のナツちゃんも発達性読《はったつせいよ》み書《か》き障害《しょうがい》であったとわかり、この障害《しょうがい》についてまだまだ全然理解《ぜんぜんりかい》できていなかった……と母《はは》である千葉《ちば》リョウコさんが落《お》ち込《こ》むシーンが描《えが》かれていました。しかしこれはある意味《いみ》しょうがないことで、兄妹《きょうだい》であろうと、症状《しょうじょう》や程度《ていど》、そして本人《ほんにん》の感《かん》じ方《かた》はさまざまです。

前作《ぜんさく》では描《えが》ききれなかったそうした「違《ちが》い」や、トレーニングに対《たい》しての考《かんが》え方《かた》、支援《しえん》の実例《じつれい》などもご紹介《しょうかい》していきます。

この本《ほん》が、今《いま》まさに困《こま》っている発達性読《はったつせいよ》み書《か》き障害《しょうがい》の子《こ》どもやその家族《かぞく》の助《たす》けになることを祈《いの》りつつ……。

宇野《うの》彰《あきら》

第《だい》1章《しょう》

発《はっ》達《たつ》性《せい》読《よ》み書《か》き障《しょう》害《がい》の基《き》礎《そ》知《ち》識《しき》

（1）発達性読《はったつせいよ》み書《か》き障害《しょうがい》とは？

おもに就学期前後《しゅうがくきぜんご》に明《あき》らかになる発達障害《はったつしょうがい》の一種《いっしゅ》で、知能《ちのう》や聴《き》いて理解《りかい》する力《ちから》、発話《はつわ》で相手《あいて》に自分《じぶん》の考《かんが》えを伝《つた》えることには問題《もんだい》がないとしても読《よ》み書《か》きの能力《のうりょく》だけに困難《こんなん》を示《しめ》す障害《しょうがい》のことを言《い》います。

読《よ》み書《か》きの能力《のうりょく》に困難《こんなん》を示《しめ》す……とはこういった例《れい》です。

①通常《つうじょう》の読《よ》み書《か》きの練習《れんしゅう》をしても音読《おんどく》や書字《しょじ》の習得《しゅうとく》が困難《こんなん》。

②音読《おんどく》ができたとしても読《よ》むスピードが遅《おそ》い。

③漢字《かんじ》や仮名《かな》の形《かたち》を思《おも》い出《だ》すことが難《むずか》しいため、文字《もじ》が書《か》けない。またはよく間違《まちが》える。

④文字《もじ》を書《か》くことはできるがその文字《もじ》の形《かたち》を思《おも》い出《だ》すまでに時間《じかん》がかかるため、文章《ぶんしょう》を書《か》くのにひじょうに時間《じかん》がかかる。

発話《はつわ》で相手《あいて》に伝《つた》える能力《のうりょく》はあり、学習内容《がくしゅうないよう》を理解《りかい》したり、計算《けいさん》をしたりなど、「読《よ》み書《か》き」以外《いがい》のことは普通《ふつう》によくできますが、「読《よ》み書《か》き」だけがとても苦手《にがて》で、学校《がっこう》で教《おそ》わる通常《つうじょう》の練習《れんしゅう》では、ひらがな、カタカナ、あるいは漢字《かんじ》がどうしても覚《おぼ》えにくい障害《しょうがい》です。

ですから、試験《しけん》では文章問題《ぶんしょうもんだい》が苦手《にがて》になります。

ナツは2番目《ばんめ》と4番目《ばんめ》ですね。

マンガは絵《え》があるから字《じ》も読《よ》みやすいそうで、本人《ほんにん》いわく「マンガの字《じ》は全部《ぜんぶ》読《よ》んでいるはず」と。小説《しょうせつ》は自分《じぶん》の興味《きょうみ》のあるものだとおもしろくて読《よ》むのも苦痛《くつう》にならないけど、教科書《きょうかしょ》などお勉強系《べんきょうけい》の自分《じぶん》が苦手《にがて》と思《おも》うものだと読《よ》みづらく頭《あたま》にも入《はい》りにくいそう。

ただ、興味《きょうみ》ある小説《しょうせつ》でも同《おな》じところを2~3回《かい》繰《く》り返《かえ》して読《よ》んでしまうことがたびたびあるそうです。

ひらがなは書《か》けるけど「な ぬ ね む め を」の文字《もじ》は思《おも》い出《だ》すのに時間《じかん》がかかって、調《しら》べないとわからないときがあります。

僕《ぼく》たちは、文字《もじ》を書《か》こうとするとき、まず頭《あたま》の中《なか》で文字《もじ》の形《かたち》を思《おも》い出《だ》します。ひらがな、カタカナであれば、1秒《びょう》とかからずその文字《もじ》の形《かたち》が思《おも》い浮《う》かぶことと思《おも》います。

それに何秒《なんびょう》もかかる……と想像《そうぞう》してみてください。一文字《ひともじ》だけ書《か》くぶんには問題《もんだい》がなくても、文章《ぶんしょう》を書《か》くとなるとかなりの負担《ふたん》がかかるのがおわかりいただけるでしょう。

読《よ》むのも同様《どうよう》です。読《よ》むスピードが遅《おそ》いと、文章《ぶんしょう》を理解《りかい》することに大《おお》きな負担《ふたん》がかかってしまうから本《ほん》を読《よ》もうとしなくなります。

こうした症状《しょうじょう》がある発達性読《はったつせいよ》み書《か》き障害《しょうがい》の子《こ》どもは、知能《ちのう》に問題《もんだい》がありそうな子《こ》をのぞいても日本《にほん》の小学生《しょうがくせい》の約《やく》7~8%に存在《そんざい》します。(ひらがな、カタカナ、漢字《かんじ》の音読《おんどく》・書字全体《しょじぜんたい》の出現率《しゅつげんりつ》。それぞれのパーセンテージについては下部《かぶ》の表《ひょう》を参照《さんしょう》)。※1

海外《かいがい》では読《よ》み(音読《おんどく》)の障害《しょうがい》に関《かん》する出現頻度《しゅつげんひんど》しかデータがないのですが、英語圏《えいごけん》では5~17・5%、英語《えいご》に比《くら》べてイタリア語《ご》やドイツ語《ご》では出現頻度《しゅつげんひんど》が低《ひく》いことが示《しめ》されています。また、アラビア語圏《ごけん》、イタリア語圏《ごけん》では約《やく》1%の割合《わりあい》で見《み》られると報告《ほうこく》されています。

	読《よ》み(音読《おんどく》)	書字《しょじ》
ひらがな	0.2%	1.6%
カタカナ	1.4%	3.8%
漢字《かんじ》	6.9%	6.0%

ときどき、筆記用具《ひっきようぐ》の持《も》ち方《かた》が悪《わる》い、文字《もじ》を書《か》くときの姿勢《しせい》が悪《わる》い、字《じ》の大《おお》きさがそろわないので、発達性読《はったつせいよ》み書《か》き障害《しょうがい》ではないかと聞《き》かれることがありますが、これはことなります。33ページで詳《くわ》しく説明《せつめい》しますが、字《じ》の大《おお》きさがそろわない、字《じ》の形《かたち》が整《ととの》わないなどは発達性協調運動障害《はったつせいきょうちょううんどうしょうがい》という別《べつ》の障害《しょうがい》である可能性《かのうせい》や、整《ととの》えて書《か》こうというつもりがない場合《ばあい》もありえます。

字《じ》が浮《う》いて見《み》える、動《うご》いて見《み》えるというのも、発達性読《はったつせいよ》み書《か》き障害《しょうがい》の症状《しょうじょう》ではありません。発達性読《はったつせいよ》み書《か》き障害《しょうがい》のある子《こ》どもの多《おお》くは文字《もじ》の見《み》え方《かた》は僕《ぼく》たちと変《か》わらないのです。ただし、発達性読《はったつせいよ》み書《か》き障害《しょうがい》にそうした視覚的《しかくてき》な症状《しょうじょう》があわさっているということは考《かんが》えられますので、そういった症状《しょうじょう》があるから発達性読《はったつせいよ》み書《か》き障害《しょうがい》ではないとは言《い》い切《き》れませんが、逆《ぎゃく》にそうした症状《しょうじょう》のみをもって発達性読《はったつせいよ》み書《か》き障害《しょうがい》だと判定《はんてい》することもできません。

※1　500人規模《にんきぼ》の小学校《しょうがっこう》で、「ひらがな」「カタカナ」「漢字《かんじ》」の「音読《おんどく》」「書字《しょじ》」および「読《よ》み／書《か》きの習得《しゅうとく》に影響《えいきょう》があると考《かんが》えられる能力《のうりょく》」に関《かん》する調査《ちょうさ》の結果《けっか》。

Uno et al,2009

Relationship between reading/writing skills and cognitive abilities among Japanese primary-school children: normal readers versus poor readers (dyslexics)

(2)発達性読《はったつせいよ》み書《か》き障害《しょうがい》の出現頻度《しゅつげんひんど》は40人学級《にんがっきゅう》に3人《にん》の確率《かくりつ》

発達性読《はったつせいよ》み書《か》き障害《しょうがい》の子《こ》どもは40人学級《にんがっきゅう》に3人《にん》の確率《かくりつ》でいます。

こう話《はな》すと、多《おお》くの方《かた》が驚《おどろ》かれます。

「そんなにたくさんいるのに、どうしてこんなに知《し》られていないの?」と。

おっしゃる通《とお》り、発達性読《はったつせいよ》み書《か》き障害《しょうがい》はどの障害《しょうがい》よりも出現頻度《しゅつげんひんど》が高《たか》いと言《い》われているのに、認知度《にんちど》がとても低《ひく》い障害《しょうがい》です。

前項《ぜんこう》での調査結果《ちょうさけっか》にある「漢字《かんじ》の読《よ》み」における発達性読《はったつせいよ》み書《か》き障害《しょうがい》であろうと思《おも》われる子《こ》の出現率《しゅつげんりつ》は6・9%、これを7%として計算《けいさん》すると40人学級《にんがっきゅう》に当《あ》てはめると2・76人《にん》。およそ3人《にん》という数字《すうじ》になります。

ところが、人《ひと》によって症状《しょうじょう》や程度《ていど》の差《さ》がさまざまなので、大人《おとな》になってもずっと気付《きづ》かないままという人《ひと》も多《おお》いのです。

ひらがなの音読《おんどく》がまったくできなかったり、読《よ》むことはできても書《か》くことができなければ、保護者《ほごしゃ》も先生《せんせい》も「なにかおかしい」と思《おも》うでしょう。

しかし、それが漢字《かんじ》だったらどうでしょうか? 英語《えいご》だったらどうでしょうか?

フユはひらがなを書《か》くのも難《むずか》しく、2年生《ねんせい》になっても書《か》けるようにならず、ずっと気《き》にかかっていました。

けれど、ナツは幼稚園《ようちえん》の頃《ころ》から自《みずか》ら字《じ》を書《か》きはじめ、小学校《しょうがっこう》での漢字《かんじ》の小《しょう》テストでも10点中《てんちゅう》7~8点《てん》とれていて、英語《えいご》がはじまるまでまったく気《き》が付《つ》きませんでした。

性格《せいかく》もこんなだし…
ナツ… もう少《すこ》し ていねいに 書《か》きなよ
ひらがなばっかだし…
は!?
べつに良《よ》くない!? 読《よ》めれば!!
漢字《かんじ》書《か》くのめんどーだし!!

「うちの子《こ》は頭《あたま》が悪《わる》い」「ちゃんと勉強《べんきょう》していない」「授業《じゅぎょう》を聞《き》いていない」……そんな風《ふう》に捉《とら》えられて、見過《みす》ごされてしまう子《こ》がいるのです。

「程度《ていど》の差《さ》がさまざま」と言《い》われても、保護者《ほごしゃ》の方《かた》には判断《はんだん》が難《むずか》しいかもしれません。

僕《ぼく》たちが検査《けんさ》をするときは、「ひらがな」「カタカナ」「漢字《かんじ》」のそれぞれの「音読《おんどく》」と「書字《しょじ》」、それから「流暢性《りゅうちょうせい》（スムーズさ）」を加《くわ》えた、この9項目《こうもく》をチェックします（左《ひだり》の表《ひょう》を参照《さんしょう》）。

この9項目全部《こうもくぜんぶ》に問題《もんだい》がある子《こ》もいるし、一部分《いちぶぶん》にしか問題《もんだい》がない子《こ》もいる……これが「程度《ていど》」になります。

いちばん症状《しょうじょう》の軽《かる》い人《ひと》は、漢字《かんじ》の「書字《しょじ》」だけに問題《もんだい》があるということですね。ひらがな、カタカナは問題《もんだい》なく書《か》ける。漢字《かんじ》の入《はい》っている文章《ぶんしょう》も流暢《りゅうちょう》に読《よ》むことができる。ただ、漢字《かんじ》を書《か》くことだけが難《むずか》しいという状態《じょうたい》です。下《した》の表《ひょう》でいうと、6番《ばん》だけ該当《がいとう》します。

ところが、同《おな》じ「漢字《かんじ》を書《か》くのが難《むずか》しい」状態《じょうたい》であっても、小学《しょうがく》1年生水準《ねんせいすいじゅん》なら書《か》ける人《ひと》と小学《しょうがく》3年生水準《ねんせいすいじゅん》まで書《か》くことのできる人《ひと》では障害《しょうがい》の程度《ていど》はことなることになります。

	正確性《せいかくせい》		流暢性《りゅうちょうせい》
	音読《おんどく》	書字《しょじ》	音読《おんどく》
ひらがな	1	4	7
カタカナ	2	5	8
漢字《かんじ》	3	6	△
文章《ぶんしょう》	△	△	9

今《いま》まで、僕《ぼく》が見《み》てきたなかには、

・ひらがな、カタカナ、漢字全部《かんじぜんぶ》に問題《もんだい》がある人《ひと》＝【1・2・3・4・5・6・7・8・9】

・ひらがなの「音読《おんどく》」には問題《もんだい》がないけれど、書字《しょじ》に問題《もんだい》があって、カタカナ、漢字《かんじ》の読《よ》み書《か》きと流暢性《りゅうちょうせい》に問題《もんだい》のある人《ひと》＝【2・3・4・5・6・8・9】

・ひらがなには問題《もんだい》がないけれど、カタカナと漢字全部《かんじぜんぶ》に問題《もんだい》のある人《ひと》＝【2・3・5・6・8・9】

・ひらがなは音読《おんどく》も書字《しょじ》もＯＫ《オーケー》で、カタカナの読《よ》みもＯＫ《オーケー》、カタカナの書字《しょじ》と漢字《かんじ》の両方《りょうほう》が問題《もんだい》という人《ひと》＝【3・5・6・9】

・漢字《かんじ》の読《よ》み書《か》き両方《りょうほう》だけに問題《もんだい》がある人《ひと》＝【3・6】

……などのパターンがあります。

表《ひょう》には、流暢性《りゅうちょうせい》という項目《こうもく》がありますが、実《じつ》はこれはまだ研究途中《けんきゅうとちゅう》でして、論文《ろんぶん》としては発表《はっぴょう》していません。２０１７年《ねん》からこうした項目《こうもく》があることをオープンにしました。この項目《こうもく》を考慮《こうりょ》に入《い》れますと、少《すく》ないですが、読《よ》み書《か》きの正確性《せいかくせい》には問題《もんだい》がないのですが、読《よ》みの流暢性《りゅうちょうせい》のみに問題《もんだい》がある人《ひと》もいます。右《みぎ》の表《ひょう》でいうと、７・８・９番《ばん》に該当《がいとう》します。

保護者《ほごしゃ》から見《み》て、文字《もじ》を一文字《ひともじ》ずつたどたどしく追《お》っていき、単語《たんご》や文章《ぶんしょう》としての意味《いみ》がとりづらそうだという場合《ばあい》は流暢性《りゅうちょうせい》に問題《もんだい》があると言《い》っても差《さ》し支《つか》えないでしょう。多《おお》くの子《こ》どもを見《み》る立場《たちば》の先生《せんせい》であれば、ほとんどの子《こ》どもが60秒《びょう》で読《よ》む文章《ぶんしょう》を読《よ》むのに80秒《びょう》かかるとしたらサポートが必要《ひつよう》そうだ……と判断《はんだん》することができます。

ただ、読《よ》みはスピードの差《さ》を流暢性《りゅうちょうせい》とすることができても、書《か》きの場合《ばあい》はさらに難《むずか》しい。同《おな》じ人《ひと》でも、字《じ》をとても丁寧《ていねい》にキレイに時間《じかん》をかけて書《か》いたときと、急《いそ》いでいてざっと早《はや》く書《か》いたときではかかる時間《じかん》はまったく違《ちが》います。性格《せいかく》によってもかなり差《さ》が出《で》るでしょう。

そうなると、文字《もじ》を想起《そうき》するのにかかる時間《じかん》が長《なが》いのか、それとも書《か》くという運動《うんどう》の時間《じかん》が長《なが》いのかわからないわけです。ですから、一見《いっけん》読《よ》みの流暢性《りゅうちょうせい》のみに問題《もんだい》があるように見《み》えても、実際《じっさい》には書字《しょじ》の流暢性《りゅうちょうせい》を見《み》ていないので科学的《かがくてき》には読《よ》みの流暢性《りゅうちょうせい》のみに問題《もんだい》があるのかどうかはわからないのです。

19ページの千葉《ちば》さんのコメントに出《で》てきたナツちゃんのように、読《よ》み書《か》きが苦手《にがて》でも漢字《かんじ》の小《しょう》テストである程度《ていど》の点数《てんすう》がとれるという子《こ》もいます。

彼女《かのじょ》の場合《ばあい》は、短期記憶《たんききおく》ができるため、一夜漬《いちやづ》けをしたり、直前《ちょくぜん》に確認《かくにん》をした漢字《かんじ》は書《か》けるようです。しかし、範囲《はんい》の広《ひろ》い定期《ていき》テストや抜《ぬ》き打《う》ちの実力《じつりょく》テストでは対応《たいおう》できず、「勉強《べんきょう》していない」という誤解《ごかい》を受《う》けやすい。こうしたタイプは、家庭《かてい》でも学校《がっこう》でもとても気付《きづ》かれにくく、支援《しえん》も指導《しどう》も受《う》けられないまま成長《せいちょう》することが多《おお》いのです。

こう説明《せつめい》すると、短期記憶《たんききおく》が学習《がくしゅう》において重要《じゅうよう》なポイントになると勘違《かんちが》いされる方《かた》がいるので補足《ほそく》します。短期記憶《たんききおく》には、非言語的《ひげんごてき》な図形《ずけい》の短期記憶《たんききおく》もあれば、音声言語《おんせいげんご》（言葉《ことば》）で聞《き》いた短期記憶《たんききおく》もあります。無論《むろん》、非言語的音声《ひげんごてきおんせい》（環境音《かんきょうおん》やメロディなど）や言語的図形《げんごてきずけい》（文字《もじ》）の短期《たんき》記憶《きおく》もあります。非言語的《ひげんごてき》な図形《ずけい》の短期記憶《たんききおく》については、われわれ人間《にんげん》はチンパンジーの子《こ》どもに遠《とお》く及《およ》ばないという研究結果《けんきゅうけっか》があります。※2

人《ひと》の持《も》つ短期記憶力《たんききおくりょく》もそれぞれで、発達性読《はったつせいよ》み書《か》き障害《しょうがい》の当事者《とうじしゃ》には、短期記憶力《たんききおくりょく》が良《よ》い人《ひと》も、弱《よわ》い人《ひと》もいます。

短期記憶《たんききおく》の検査《けんさ》というのは、一度《いちど》見《み》たり聞《き》いたりしたものをすぐに覚《おぼ》えて答《こた》える検査《けんさ》ですが、学習《がくしゅう》というのは繰《く》り返《かえ》し復習《ふくしゅう》して身《み》につけて覚《おぼ》えていくことで、長期記憶《ちょうききおく》であり意味記憶《いみきおく》です。いくら短期記憶《たんききおく》がよくても長期記憶《ちょうききおく》がよくないと、文字《もじ》を習得《しゅうとく》することはできません。

千葉《ちば》ナツちゃんは、中学生《ちゅうがくせい》になり、英語《えいご》の授業《じゅぎょう》がはじまったことで、読《よ》み書《か》きの問題《もんだい》が明《あき》らかになりました。中学《ちゅうがく》2年生《ねんせい》の半《なか》ばで、「Ｉ《アイ》 ａｍ《アム》」を「イット」と読《よ》み、お母《かあ》さんである千葉《ちば》リョウコさんが疑問《ぎもん》を抱《いだ》き、検査《けんさ》を受《う》けました。

検査《けんさ》の結果《けっか》、保護者《ほごしゃ》が書《か》けると思《おも》っていたひらがなやカタカナにも書《か》けない文字《もじ》があることが発覚《はっかく》しました。小《しょう》テストでマルをもらっていた漢字《かんじ》も、今《いま》はほとんど書《か》けないようです。

お兄《にい》さんのフユくんが発達性読《はったつせいよ》み書《か》き障害《しょうがい》と判定《はんてい》され、指導《しどう》を受《う》けていくという環境《かんきょう》で、保護者《ほごしゃ》がお子《こ》さんの読《よ》み書《か》き能力《のうりょく》を注意《ちゅうい》して見《み》ていても気付《きづ》きにくい症状《しょうじょう》です。

こうした困難《こんなん》を抱《かか》えるお子《こ》さんは、本人《ほんにん》も、何度《なんど》復習《ふくしゅう》しても漢字《かんじ》を忘《わす》れてしまうことに対《たい》して、「僕《ぼく》／私《わたし》は頭《あたま》が悪《わる》いんだ」と思《おも》い込《こ》んでしまうことが少《すく》なくありません。

また、原因《げんいん》はわかっていませんが、発達性《はったつせい》読《よ》み書《か》き障害《しょうがい》は女子《じょし》に比《くら》べて男子《だんし》の出現率《しゅつげんりつ》が数倍《すうばい》高《たか》い、発達性《はったつせい》読《よ》み書《か》き障害《しょうがい》のなかでは左利《ひだりき》きの割合《わりあい》が一般《いっぱん》に比《くら》べて高《たか》いという報告《ほうこく》があります。男子《だんし》で左利《ひだりき》きだから発達性《はったつせい》読《よ》み書《か》き障害《しょうがい》になりやすい……というわけではなく、発達性《はったつせい》読《よ》み書《か》き障害《しょうがい》のなかでの割合《わりあい》です。

※2 京都大学《きょうとだいがく》 霊長類研究所《れいちょうるいけんきゅうじょ》のＨＰには、実験《じっけん》の詳細《しょうさい》な手順《てじゅん》と結果《けっか》が示《しめ》されています。
(Inoue, S. and Matsuzawa, T. 2007, Working memory of numerals in chimpanzees, Current Biology, 17(23): R1004-R1005)

発達性《はったつせい》
読《よ》み書《か》き障害《しょうがい》は
女子《じょし》より男子《だんし》が多《おお》く
一般《いっぱん》に比《くら》べて
左利《ひだりき》きの割合《わりあい》が
高《たか》いらしい
へ〜…
ちなみに
フユは
えんぴつ以外《いがい》は
左利《ひだりき》き
えんぴつは
小学校《しょうがっこう》入学時《にゅうがくじ》に
右手《みぎて》に もたされた…
ナツは
生粋《きっすい》の右利《みぎき》き
右手《みぎて》
ケガしたら
絵《え》かけない
ヤバイ!!

（3）英語《えいご》「だけ」の発達性《はったつせい》読《よ》み書《か》き障害《しょうがい》があるの？

英語圏《えいごけん》での発達性《はったつせい》ディスレクシアの「読《よ》み」に関《かん》する出現率《しゅつげんりつ》は10〜15％、これは日本語《にほんご》の7〜8％よりもかなり高《たか》いと言《い》えます。

これには2つの理由《りゆう》があります。1つは、文字《もじ》から音《おん》への変換《へんかん》が日本語《にほんご》のひらがなやカタカナのほうが単純《たんじゅん》であること。日本語《にほんご》の仮名《かな》は音声《おんせい》と文字《もじ》の対応《たいおう》の規則性《きそくせい》が高《たか》いのです。例外《れいがい》として、単語《たんご》になったときに「校庭《こうてい》」のように「こうてい」と書《か》かれていても「こおてえ」と発音《はつおん》するものもありますが、基本的《きほんてき》には読《よ》み方《かた》が一文字《ひともじ》につき一通《ひととお》りしかありません。英語《えいご》では「c」も「k」も「ck」も「ch」も「q」も「ク」と読《よ》むなど不規則《ふきそく》です。

もう1つは、日本語《にほんご》のほうが音《おん》の単位《たんい》（音韻単位《おんいんたんい》）が大《おお》きいこと。「犬《いぬ》」という言葉《ことば》を覚《おぼ》えるときに、日本語《にほんご》では「い」「ぬ」と2音《おん》を想起《そうき》すればいいですが、英語《えいご》だったら「i」「n」「u」と3音《おん》になります。はじめて音《おと》を聞《き》いたときに、それを文字《もじ》にするという対応関係《たいおうかんけい》が、英語《えいご》のほうが難《むずか》しいのです。

これがdog《ドッグ》であれば、dog《ドッグ》のduh＝d、o＝o、guh＝g……と聞《き》いた音《おと》から文字《もじ》にするには、これだけの音《おん》の同定《どうてい》、選択《せんたく》が必要《ひつよう》です。

こうした複雑《ふくざつ》さから、英語《えいご》のほうが発達性読《はったつせいよ》み書《か》き障害《しょうがい》の出現率《しゅつげんりつ》が高《たか》くなると考《かんが》えられています。

漢字《かんじ》は、読《よ》み方《かた》が複数《ふくすう》あり、同《おな》じ音《おと》でも複数《ふくすう》の漢字《かんじ》があり、ひらがなカタカナよりも難易度《なんいど》があがるため、ひらがなの読《よ》み書《か》きに問題《もんだい》がなくても、漢字《かんじ》の読《よ》み書《か》きに問題《もんだい》のある人《ひと》の出現《しゅつげん》率《りつ》が高《たか》くなっています。

小学《しょうがく》1年生《ねんせい》で、いちばん最初《さいしょ》に教《おそ》わる漢字《かんじ》は一《いち》から十《じゅう》までの数字《すうじ》です。「一」には「いち」、「いっ」、「ひと」と3つの読《よ》み方《かた》があり、さらには「一日《ついたち》」という変《か》わった読《よ》みもあります。読《よ》みが何通《なんとお》りあるのか、普段《ふだん》意識《いしき》することはないでしょうが、実《じつ》は二《に》にも三《さん》にも四《よん》にも……一《いち》から十《じゅう》までのすべての漢数字《かんすうじ》に複数《ふくすう》の読《よ》み方《かた》があるのです。

それでも英語《えいご》よりも漢字《かんじ》の読字障害《どくじしょうがい》の出現率《しゅつげんりつ》が低《ひく》いのには、漢字《かんじ》には、英語《えいご》にはない「見《み》て意味《いみ》がとりやすい」という特徴《とくちょう》がある場合《ばあい》があるからではないかと思《おも》われます。先《さき》ほど例《れい》にあげた「一《いち》」などは、見《み》たまんまですよね。ほかにもたとえば、「案山子《かかし》」という言葉《ことば》を見《み》てみましょう。通常《つうじょう》、案は「か」とは読《よ》みませんし、山も「か」とは読《よ》みません。けれど、文字列《もじれつ》から意《い》味《み》を想起《そうき》することで知《し》っている単語《たんご》かもしれないという予測ができます。読《よ》み書《か》きが苦手《にがて》でも、語彙力《ごいりょく》があって意味《いみ》が想像《そうぞう》できれば、ヒントになるわけです。

そのため、英語《えいご》の成績《せいせき》だけ極端《きょくたん》に悪《わる》かったり、学校《がっこう》で英語《えいご》の授業《じゅぎょう》がはじまってからつまずく子《こ》が出《で》てきます。また、英語《えいご》は先《さき》にあげた2つの要因《よういん》から、日本語《にほんご》を学《まな》ぶよりも難《むずか》しいため、日本語《にほんご》の発達性《はったつせい》読《よ》み書《か》き障害《しょうがい》のある子《こ》が英語《えいご》の読《よ》み書《か》きを習得《しゅうとく》するのはとても難《むずか》しいと言《い》えます。

LD《エルディ》・ディスレクシアセンターでは、ひらがなからはじまり、カタカナ、漢字《かんじ》、英語《えいご》（英単語《えいたんご》）のトレーニングをしますが、英語《えいご》の書字《しょじ》まで到達《とうたつ》できる人《ひと》はかなり少《すく》ないです。英単語《えいたんご》の読《よ》みの練習《れんしゅう》だけでけっこう大変《たいへん》なのです。パソコンなどで文字《もじ》を入力《にゅうりょく》する際《さい》もアルファベットでの入力《にゅうりょく》は難《むずか》しく、最初《さいしょ》の段階《だんかい》では「かな入力《にゅうりょく》」を使《つか》うことが多《おお》いです。英語《えいご》はそれほど発達性《はったつせい》読《よ》み書《か》き障害《しょうがい》の人《ひと》にとって読《よ》み書《か》き習得《しゅうとく》の難《むずか》しい言語《げんご》なんですね。

（4）発達性読《はったつせいよ》み書《か》き障害《しょうがい》は治《なお》るの？

障害《しょうがい》は病気《びょうき》ではないので、治《なお》りません。

トレーニングの指導《しどう》を受《う》けることによって、ひらがなの読《よ》み書《か》きを習得《しゅうとく》することはできますが、トレーニングでできるようになる＝治《なお》るのではありません。苦手《にがて》は残《のこ》ります。

治《なお》らないからこそ、どう付《つ》き合《あ》っていくのかが大切《たいせつ》です。

子《こ》ども自身《じしん》の全体像《ぜんたいぞう》……知的《ちてき》な力《ちから》はどのくらいなのか、強《つよ》い能力《のうりょく》はなにか、読《よ》み書《か》きのほかに弱《よわ》い能力《のうりょく》はないか、読《よ》み書《か》きの問題《もんだい》の重《おも》さの程度《ていど》はどのくらいなのか、読《よ》み以外《いがい》の言語《げんご》の力《ちから》（語彙力《ごいりょく》、言語理解力《げんごりかいりょく》、聴覚的《ちょうかくてき》な記憶力《きおくりょく》、新《あたら》しい言葉《ことば》を学習《がくしゅう》する能力《のうりょく》、言語《げんご》で表現《ひょうげん》する力《ちから》）の程《てい》度《ど》はどのくらいか……。

これらを総合的《そうごうてき》に捉《とら》えたうえで、指導《しどう》の方針《ほうしん》や具体的《ぐたいてき》な方法《ほうほう》を考《かんが》えることが大切《たいせつ》です。

指導《しどう》にあたって、いちばん重要《じゅうよう》なのは、「子《こ》ども自身《じしん》が読《よ》み書《か》きの問題《もんだい》をどう捉《とら》えているのか」です。がんばって勉強《べんきょう》して読《よ》み書《か》きを身《み》につけたいのか、最低限《さいていげん》できるようになればあとはＩＣＴ《アイシーティ》（パソコンやタブレット、インターネットなどを利用《りよう》した情報通信技術《じょうほうつうしんぎじゅつ》）に頼《たよ》りたいのか……それによっても方針《ほうしん》は変《か》わります。

LD《エルディ》・ディスレクシアセンターでは、当事者《とうじしゃ》の子《こ》どもに「障害《しょうがい》」という言葉《ことば》はほとんど使《つか》いません。例外《れいがい》として、保護者《ほごしゃ》からの意向《いこう》があったり、すでに家庭《かてい》で障害《しょうがい》であると説明《せつめい》している場合《ばあい》は別《べつ》です。

まず最初《さいしょ》に検査《けんさ》を受《う》けてもらい、検査結果《けんさけっか》をお話《はな》しするのですが、そのときには多《おお》くの場合《ばあい》

「この検査《けんさ》で、君《きみ》が頭《あたま》がいいってことがわかったよ」

と最初《さいしょ》に、検査結果《けんさけっか》に基《もと》づき知的《ちてき》な問題《もんだい》がないことを伝《つた》えます。

だいたいみんな、「僕《ぼく》は頭《あたま》が悪《わる》いんだ」と言《い》うんですね。みんなが当《あ》たり前《まえ》のように習得《しゅうとく》していく読《よ》み書《か》きができないのは、頭《あたま》が悪《わる》いからだと、本気《ほんき》でそう思《おも》っているんです。

しかし、なかにはIQ《アイキュー》がひじょうに高《たか》いお子《こ》さんもいます。学習内容《がくしゅうないよう》を音声《おんせい》で聞《き》けば、しっかり理解《りかい》できるし、考《かんが》える力《ちから》もある。考《かんが》えたことを伝《つた》える語彙力《ごいりょく》もある。それでも、読《よ》み書《か》きだけはどうしてもできないのです。

だから、最初《さいしょ》に「頭《あたま》がいいことが検査《けんさ》でわかったよ」と伝《つた》えることは重要《じゅうよう》です。

そのうえで「でも、苦手《にがて》もあるみたいだね。まだひらがなが全部《ぜんぶ》は書《か》けない。気《き》が付《つ》いていた?」と、自分《じぶん》の状態《じょうたい》をわかってもらうためにそういう話《はなし》をします。

子《こ》ども自身《じしん》が、ひらがなの読《よ》み書《か》きが完璧《かんぺき》でないという自分《じぶん》の状態《じょうたい》を認識《にんしき》したうえで、こう問《と》いかけます。

「ところでさ、どうする？　ひらがな、カタカナの読《よ》み書《か》きができるようになりたい？　君《きみ》は頭《あたま》もいいし、僕《ぼく》が開発《かいはつ》した練習方法《れんしゅうほうほう》を使《つか》えば、君《きみ》だったら完璧《かんぺき》にできるようになるんだけど、どうする？　やってみる？」と。

そこで「やってみる」と言《い》う子《こ》にはすぐさまトレーニングに入《はい》ります。やりたくないと言《い》う子《こ》に無理強《むりじ》いしても、良《よ》い結果《けっか》は得《え》られません。親御《おやご》さんは焦《あせ》りを感《かん》じられることもあるかと思《おも》いますが、本人《ほんにん》がやる気《き》になったときがトレーニングのはじめどきだと心得《こころえ》て、それまでは見《み》守《まも》ってあげてください。

(5)発達性読《はったつせいよ》み書《か》き障害《しょうがい》と間違《まちが》えられることの多《おお》い障害《しょうがい》

17ページで、筆記用具《ひっきようぐ》の持《も》ち方《かた》が悪《わる》い、文字《もじ》を書《か》くときの姿勢《しせい》が悪《わる》い、字《じ》の大《おお》きさがそろわないなどは発達性読《はったつせいよ》み書《か》き障害《しょうがい》ではないとご説明《せつめい》しました。

ほかにも発達性読《はったつせいよ》み書《か》き障害《しょうがい》だと誤解《ごかい》されやすい症状《しょうじょう》がいくつかあります。

- 鏡文字《かがみもじ》を書《か》く。
- 文字《もじ》が枠《わく》からはみ出《で》る。
- 字形《じけい》が崩《くず》れている。
- 字《じ》の大《おお》きさがそろわない(文字《もじ》が小《ちい》さくなったり大《おお》きくなったりする)。
- 字《じ》が浮《う》いて見《み》える/動《うご》いて見《み》える/二重《にじゅう》に見《み》える/片目《かため》を閉《と》じれば見《み》える。
- 文字《もじ》を大《おお》きくすれば読《よ》める(発達性読《はったつせいよ》み書《か》き障害《しょうがい》では、大《おお》きくしても読《よ》めない)。
- ビジョントレーニング(視覚機能《しかくきのう》を高《たか》めるための眼球運動《がんきゅううんどう》など)でよくなる(わけではない)。
- 色付《いろつ》き透明《とうめい》フィルターを使《つか》うと読《よ》めない字《じ》が読《よ》めるようになる(わけではない)。
- フォントタイプを変《か》えると読《よ》めるようになる(わけではない)。

・整理整頓《せいりせいとん》が苦手《にがて》である。
・約束《やくそく》の時間《じかん》を守《まも》れない。
・場《ば》の空気《くうき》が読《よ》めない。
・こだわる傾向《けいこう》がある。
・不器用《ぶきよう》だったり、運動《うんどう》が苦手《にがて》だったりする。
・不注意《ふちゅうい》である。

ここであげた例《れい》に当《あ》てはまる発達性読《はったつせいよ》み書《か》き障害《しょうがい》のある方《かた》もいらっしゃるかもしれません。これらは、こういった症状《しょうじょう》があるからと、その症状《しょうじょう》をひとつ取《と》り上《あ》げて、「イコール発達性読《はったつせいよ》み書《か》き障害《しょうがい》である」とは言《い》えないという例《れい》です。また、発達性読《はったつせいよ》み書《か》き障害《しょうがい》とまた別《べつ》の問題《もんだい》を同時《どうじ》に抱《かか》えている場合《ばあい》、こうした症状《しょうじょう》が見《み》られる場合《ばあい》もありえます。

不器用《ぶきよう》であったり、運動《うんどう》(とくに球技《きゅうぎ》)が苦手《にがて》であったり、文字《もじ》が枠《わく》からはみ出《で》たり、文字《もじ》の大《おお》きさがそろわなかったり、なわとび、スキップ、リコーダーなどが苦手《にがて》な場合《ばあい》は発達性協調《はったつせいきょうちょう》運動障害《うんどうしょうがい》の傾向《けいこう》があると思《おも》います。発達性協調運動障害《はったつせいきょうちょううんどうしょうがい》は、複数《ふくすう》の運動《うんどう》をコンビネーションさせることが苦手《にがて》なのであって、「読《よ》むこと」、「書《か》くこと」が特別《とくべつ》に苦手《にがて》なわけではありません。字《じ》の形《かたち》が整《ととの》わないなど「書《か》き」の動《うご》きには多少《たしょう》の影響《えいきょう》が出《で》る可能性《かのうせい》はありますが、「文字《もじ》の形《かたち》が想起《そうき》できない」、「書《か》けない」わけではありません。ですから、パソコンなどのキーボードでタイプするとだいぶ楽《らく》になると思《おも》います。

ただし、発達性読《はったつせいよ》み書《か》き障害《しょうがい》と発達性協調運動障害《はったつせいきょうちょううんどうしょうがい》を併発《へいはつ》している場合《ばあい》は、どちらの症状《しょうじょう》も出《で》ます。

また、AD《エーディ》/HD《エイチディ》の傾向《けいこう》があり、丁寧《ていねい》に書《か》こうというつもりがない場合《ばあい》も、当然《とうぜん》ながら字《じ》の形《かたち》が整《ととの》いません。

発達性協調運動障害《はったつせいきょうちょううんどうしょうがい》の傾向《けいこう》や、AD《エーディ》/HD《エイチディ》の傾向《けいこう》がある場合《ばあい》には、落《お》ち着《つ》いている状態《じょうたい》のときに「ゆっくりでいいから、1回《かい》だけでいいから、丁寧《ていねい》に書《か》いてみてくれる?」と言《い》って書《か》いてもらってください。きっと今《いま》までよりも字《じ》の形《かたち》が整《ととの》っているはずだと思《おも》います。

文字《もじ》が浮《う》いて見《み》える、動《うご》いて見《み》えるというのは、ドラマなどの創作物《そうさくぶつ》の影響《えいきょう》で広《ひろ》まった症状《しょうじょう》のような気《き》がします。発達性読《はったつせいよ》み書《か》き障害《しょうがい》の子《こ》どもと、発達性読《はったつせいよ》み書《か》き障害《しょうがい》のない定型発達児《ていけいはったつじ》との視覚情報処理《しかくじょうほうしょり》の機能《きのう》を比較《ひかく》した研究《けんきゅう》がありますが、視機能《しきのう》の問題《もんだい》があっても読《よ》み書《か》きに問《もん》題《だい》のない定型発達児《ていけいはったつじ》もいれば、視機能《しきのう》に問題《もんだい》のない発達性読《はったつせいよ》み書《か》き障害児《しょうがいじ》もおり、視機能《しきのう》の問《もん》題《だい》は必《かなら》ずしも読《よ》み書《か》きに影響《えいきょう》を与《あた》えるものではないと報告《ほうこく》されています。※3

発達性読《はったつせいよ》み書《か》き障害《しょうがい》の場合《ばあい》、眼球運動《がんきゅううんどう》の練習《れんしゅう》をしても文字《もじ》が読《よ》めるようにはなりません。目《め》の働《はたら》きの影響《えいきょう》で文字《もじ》が読《よ》みにくいのは、発達性読《はったつせいよ》み書《か》き障害《しょうがい》ではなく、視機能《しきのう》の問題《もんだい》と言《い》えるでしょう。
鏡文字《かがみもじ》を書《か》くのは、定型発達《ていけいはったつ》の子《こ》どもでもよくあることで、発達性読《はったつせいよ》み書《か》き障害《しょうがい》があるから鏡文字《かがみもじ》をたくさん書《か》くということはありません。※4

また、「読《よ》みやすいフォントタイプがある」というのも、発達性読《はったつせいよ》み書《か》き障害《しょうがい》のみにある特徴《とくちょう》ではありません。発達性読《はったつせいよ》み書《か》き障害《しょうがい》でなくとも、読《よ》みやすいフォント、読《よ》みにくいフォントというのは主観的《しゅかんてき》にはあります。

たとえば、僕《ぼく》などは女子中高生《じょしちゅうこうせい》が書《か》くようなまるっこい文字《もじ》は読《よ》みづらいと感《かん》じます。けれど、その世代《せだい》の人《ひと》にとっては読《よ》みやすいフォントなのでしょう。また、明朝体《みんちょうたい》よりもゴシック体《たい》のほうが線《せん》の太《ふと》さが一定《いってい》のためか読《よ》みやすく感《かん》じます。

そういった意味《いみ》で、個人《こじん》の「主観《しゅかん》」で、読《よ》みやすい／読《よ》みにくいフォントがあるのはたしかです。しかし、「発達性読《はったつせいよ》み書《か》き障害《しょうがい》の人《ひと》には、こういうフォントがいいですよ」と紹介《しょうかい》することはできないのです。

海外《かいがい》ではフォントタイプによって、発達性読《はったつせいよ》み書《か》き障害《しょうがい》のある人《ひと》たちが客観的《きゃっかんてき》に読《よ》みやすくなったという論文《ろんぶん》は現在《げんざい》のところ（2019年《ねん》7月《がつ》）まだありませんし、僕《ぼく》たちは、フォントタイプによっての読《よ》みやすさの差《さ》は客観的《きゃっかんてき》にはないという論文《ろんぶん》を書《か》いているくらいですから。※5

いくらフォントが変《か》わったからといって、読《よ》めない字《じ》が読《よ》めるようにはならないんです。

仮《かり》にもし、発達性読《はったつせいよ》み書《か》き障害《しょうがい》のある人《ひと》がフォントタイプによって読《よ》みやすくなったとした場合《ばあい》、どのようなメカニズムで読《よ》みやすくなるのか、まだ説明《せつめい》するのが困難《こんなん》なのではないでしょうか。

しかし、もしあなたのお子《こ》さんに、読《よ》みやすいフォントタイプがあったとしたら、たとえば学校関係者《がっこうかんけいしゃ》には、そのフォントを使《つか》うようお願《ねが》いします、と申請《しんせい》するとよいでしょう。

できればそのときは、「発達性読《はったつせいよ》み書《か》き障害《しょうがい》だからこのフォントがいいんです」と言《い》うのではなく、「この子《こ》にとってはこのフォントが読《よ》みやすいんです」とご説明《せつめい》ください。個人的《こじんてき》な主観《しゅかん》であると踏《ふ》まえたうえでお話《はな》ししていただかないと、先生《せんせい》が発達性読《はったつせいよ》み書《か》き障害《しょうがい》の子《こ》はみんなこのフォントがいいんだと間違《まちが》った認識《にんしき》を持《も》ってしまいかねません。そういった認識《にんしき》を持《も》ってしまうと、また別《べつ》の発達性読《はったつせいよ》み書《か》き障害《しょうがい》のお子《こ》さんを担任《たんにん》した際《さい》に「このフォントでも読《よ》めないのはおかしい」、「このフォントで読《よ》めるようにならないのは、発達性読《はったつせいよ》み書《か》き障害《しょうがい》ではないんじゃないか」という誤解《ごかい》に結《むす》びつくおそれがあります。

※3 後藤多可志《ごとうたかし》、宇野彰《うのあきら》、春原則子《はるはらのりこ》、金子真人《かねこまさと》、粟屋徳子《あわやのりこ》、狐塚順子《こづかじゅんこ》、片野晶子《かたのしょうこ》：発達性読《はったつせいよ》み書《か》き障害児《しょうがいじ》における視機能《しきのう》、視知覚《しちかく》および視覚認知機能《しかくにんちきのう》について・音声言語医学《おんせいげんごいがく》・51(1)38-53,2010

※4 井村純子《いむらじゅんこ》、春原則子《はるはらのりこ》、宇野彰《うのあきら》、金子真人《かねこまさと》、Wydell Taeko N. 粟屋徳子《あわやのりこ》、後藤多可志《ごとうたかし》、狐塚順子《こづかじゅんこ》、新家尚子《しんやなおこ》：発達性読《はったつせいよ》み書《か》き障害児《しょうがいじ》と小学生《しょうがくせい》の典型発達児《てんけいはったつじ》における漢字書取《かんじかきとり》の誤反応分析《ごはんのうぶんせき》——小学生《しょうがくせい》の読《よ》み書《か》きスクリーニング検査《けんさ》（STRAW）を用《もち》いて——・音声言語医学《おんせいげんごいがく》・52（2）165-172,2011

※5 Visual Function,Visual Perception and Visual Recognition in Japanese Children with Developmental Dyslexia
Gotoh T, Uno A, Tani N, Uchiyama T, Yamanaka T. The Effects of Font Type on Reading Accuracy and Fluency in Japanese Children with Developmental Dyslexia 3(3), Journal of Asian Research. 2019

（6）発達性読《はったつせいよ》み書《か》き障害《しょうがい》と併発《へいはつ》していることの多《おお》い障害《しょうがい》

発達性読《はったつせいよ》み書《か》き障害《しょうがい》があると思《おも》われる子《こ》のなかには、ASD《エーエスディ》（自閉《じへい》スペクトラム症《しょう》）やAD《エーディ》／HD《エイチディ》（注意《ちゅうい》欠如《けつじょ》・多動症《たどうしょう》）を併《あわ》せ持《も》っている子《こ》も少《すく》なくありません。ほかに、発達性協調運動障害《はったつせいきょうちょううんどうしょうがい》がある子《こ》もいますね。ASD《エーエスディ》、発達性協調運動障害《はったつせいきょうちょううんどうしょうがい》との併存出現率《へいぞんしゅつげんりつ》は報告《ほうこく》がありませんが、AD《エーディ》／HD《エイチディ》に関《かん》しては、AD《エーディ》／HD《エイチディ》の子《こ》の20％くらいは、発達性読《はったつせいよ》み書《か》き障害《しょうがい》を併発《へいはつ》しているという研究報告《けんきゅうほうこく》があります。

しかし、ASD《エーエスディ》、AD《エーディ》／HD《エイチディ》と併発《へいはつ》している場合《ばあい》、幼《おさな》い頃《ころ》から行動面《こうどうめん》の問題《もんだい》のほうが目《め》に付《つ》きやすいため、学習面《がくしゅうめん》の問題《もんだい》（LD《エルディ》）が見過《みす》ごされがちな傾向《けいこう》があります。

これらの発達障害《はったつしょうがい》が併発《へいはつ》している例《れい》が多《おお》いのは、これらを出現《しゅつげん》させるトリガーとなる刺激《しげき》を与《あた》える遺伝子《いでんし》が共通《きょうつう》だからではないか……とする遺伝子《いでんし》の研究者《けんきゅうしゃ》もいます。

発達性読《はったつせいよ》み書《か》き障害《しょうがい》が起《お》きる原因《げんいん》が「遺伝子《いでんし》」なのは明《あき》らかです。

英語圏《えいごけん》では通常《つうじょう》、音韻障害《おんいんしょうがい》と言《い》われる認知能力《にんちのうりょく》の障害《しょうがい》がベースになって発達性読《はったつせいよ》み書《か》き障害《しょうがい》が起《お》きると言《い》われていますが、遺伝子《いでんし》は特定《とくてい》されていません。

日本《にほん》では、発達性読《はったつせいよ》み書《か》き障害《しょうがい》のある百数十名《ひゃくすうじゅうめい》の背景《はいけい》となる認知障害《にんちしょうがい》を調査《ちょうさ》して調《しら》べてみたところ、音韻障害《おんいんしょうがい》、視覚認知障害《しかくにんちしょうがい》、自動化障害《じどうかしょうがい》の3種類《しゅるい》の能力《のうりょく》が原因《げんいん》だということがわかりました。これら3種類《しゅるい》の能力《のうりょく》の、単独《たんどく》もしくは組《く》み合《あ》わせによって起《お》こっているので、7種類《しゅるい》のパターンがあることになります。つまり、ひとつの遺伝子《いでんし》では説明《せつめい》がつきません。複数《ふくすう》の遺伝子《いでんし》が影響《えいきょう》しているのではないかと思《おも》われます。※6

現時点《げんじてん》では、原因《げんいん》は「遺伝子《いでんし》」という以上《いじょう》のことはわかっていませんが、発達性読《はったつせいよ》み書《か》き障害《しょうがい》に比《くら》べると、ASD《エーエスディ》やAD《エーディ》／HD《エイチディ》を診《み》ることのできる病院《びょういん》は多《おお》く、療育《りょういく》できる機関《きかん》も全国的《ぜんこくてき》にあります。逆《ぎゃく》に、LD《エルディ》や発達性読《はったつせいよ》み書《か》き障害《しょうがい》に関《かん》しては医療《いりょう》の果《は》たすべき役割《やくわり》は、それほど多《おお》くなく、客観的《きゃっかんてき》な評価《ひょうか》によってしっかり診《み》てもらえる病院《びょういん》も、指導《しどう》してもらえる機関《きかん》も少《すく》ないのが現状《げんじょう》です。

「困難《こんなん》を減《へ》らす」という観点《かんてん》から見《み》ると、前項《ぜんこう》であげた発達性読《はったつせいよ》み書《か》き障害以外《しょうがいいがい》の症状《しょうじょう》も見受《みう》けられる場合《ばあい》、ASD《エーエスディ》、AD《エーディ》／HD《エイチディ》、発達性協調運動障害《はったつせいきょうちょううんどうしょうがい》などを疑《うたが》って、そちらの診断《しんだん》、療育《りょういく》を受《う》けることで日常生活《にちじょうせいかつ》がしやすくなる可能性《かのうせい》もあるでしょう。

※6 宇野彰《うのあきら》、春原則子《はるはらのりこ》、金子真人《かねこまさと》、粟屋徳子《あわやのりこ》、狐塚順子《こづかじゅんこ》、後藤多可志《ごとうたかし》：発達性《はったつせい》ディスレクシア（発達性読《はったつせいよ》み書《か》き障害《しょうがい》）の背景《はいけい》となる認知障害《にんちしょうがい》－年齢対応対照群《ねんれいたいおうたいしょうぐん》との比較《ひかく》－・高次脳機能研究《こうじのうきのうけんきゅう》・38(3) 3-6,2018

(7)発達性読《はったつせいよ》み書《か》き障害《しょうがい》は遺伝《いでん》するの?

大人《おとな》になった発達性読《はったつせいよ》み書《か》き障害《しょうがい》がある女性《じょせい》のなかには、「自分《じぶん》がもし子《こ》どもを産《う》んだら、子《こ》どもにも発達性読《はったつせいよ》み書《か》き障害《しょうがい》が遺伝《いでん》するかもしれない」と心配《しんぱい》する人《ひと》がいます。結婚《けっこん》や出産《しゅっさん》について考《かんが》えたのをきっかけに、LD《エルディ》・ディスレクシアセンターに相談《そうだん》にいらした例《れい》が何例《なんれい》かあります。

そうした方《かた》にお子《こ》さんが生《う》まれた場合《ばあい》には、お子《こ》さんに早《はや》い段階《だんかい》で発達性読《はったつせいよ》み書《か》き障害《しょうがい》の検《けん》査《さ》をするようにしていますが、幸《さいわ》いにして今《いま》のところ、お母《かあ》さんの発達性読《はったつせいよ》み書《か》き障害《しょうがい》がお子《こ》さんに遺伝《いでん》していたと確認《かくにん》された例《れい》はありません。

LD《エルディ》・ディスレクシアセンターに通《かよ》っているお子《こ》さんのなかに、お父《とう》さんも発達性読《はったつせいよ》み書《か》き障害《しょうがい》だという子《こ》がひとりだけいます。僕《ぼく》が親子《おやこ》で知《し》っているのは、この一例《いちれい》だけですね。お父《とう》さんが客観的《きゃっかんてき》な検査《けんさ》を受《う》けに来《き》てくださったのでわかったのです。

もしかしたらほかにも例《れい》はあるのかもしれませんが、すでに大人《おとな》になっている人《ひと》で検査《けんさ》を受《う》けにくる人《ひと》はほとんどいないので、実際《じっさい》にどのくらいの確率《かくりつ》で遺伝《いでん》するのかはまったくわかっていません。

千葉家《ちばけ》のフユくんとナツちゃんのように、きょうだいで発達性読《はったつせいよ》み書《か》き障害《しょうがい》というのは何例《なんれい》かあります。ただこれは、「発見《はっけん》されやすい」「親《おや》が気付《きづ》きやすい」という要素《ようそ》もあると思《おも》われるので、遺伝《いでん》との関連性《かんれんせい》だけでは語《かた》れません。

きょうだいのうちだれかが発達性読《はったつせいよ》み書《か》き障害《しょうがい》であれば、保護者《ほごしゃ》の方《かた》は、ほかのきょうだいにもその可能性《かのうせい》があると読《よ》み書《か》きの習得度《しゅうとくど》を注意《ちゅうい》して見《み》るからです。

もしあなたが読《よ》み書《か》きが苦手《にがて》で、お子《こ》さんに発達性読《はったつせいよ》み書《か》き障害《しょうがい》の疑《うたが》いがあっても、それはあなたのせいではありません。「自分《じぶん》のせいかもしれない」と自分《じぶん》を責《せ》めないでください。両親《りょうしん》ともに発達性読《はったつせいよ》み書《か》き障害《しょうがい》でなくとも、発達性読《はったつせいよ》み書《か》き障害《しょうがい》の子《こ》どもは生《う》まれるのですから。原因《げんいん》が遺伝《いでん》とは断定《だんてい》できません。

ご自身《じしん》に発達性読《はったつせいよ》み書《か》き障害《しょうがい》があっても、遺伝《いでん》する場合《ばあい》もあれば遺伝《いでん》しない場合《ばあい》もある……としか言《い》えないです。必《かなら》ずしも遺伝《いでん》するものではないですし、今《いま》のところ僕《ぼく》の見《み》たなかでは母子《ぼし》で遺伝《いでん》した例《れい》は見《み》たことがないので、あまり心配《しんぱい》しすぎないでほしいと思《おも》います。

保護者《ほごしゃ》の方《かた》……とくにお母《かあ》さんは「何《なに》かのせい」と原因《げんいん》を探《さぐ》りたがる傾向《けいこう》にあります。自分《じぶん》から生《う》まれたわけだから、自分《じぶん》を責《せ》めたくなることもあるでしょう。そのお気持《きも》ちはわかります。周囲《しゅうい》の人《ひと》から、お母《かあ》さんのせいだと責《せ》められるという話《はなし》を聞《き》くこともあります。

お姑《しゅうとめ》さんがお嫁《よめ》さんであるお母《かあ》さんを責《せ》めて、同居《どうきょ》できなくなったという家庭《かてい》もありました。

しかし、どんなにだれかを責《せ》めて、原因《げんいん》を追究《ついきゅう》しようとしても、現時点《げんじてん》では遺伝子《いでんし》が専門《せんもん》の研究者《けんきゅうしゃ》でも、僕《ぼく》のような発達性読《はったつせいよ》み書《か》き障害《しょうがい》の専門家《せんもんか》でも本当《ほんとう》の原因《げんいん》はわかっていません。

「気《き》にしすぎない」でください。

原因《げんいん》を突《つ》き止《と》めたとしても、お子《こ》さんの状態《じょうたい》は変《か》わりませんからね。

原因追究《げんいんついきゅう》ではなく、子《こ》どもの状態《じょうたい》をありのままに受《う》け入《い》れるほうに力《ちから》を注《そそ》いでください。

だれのせいでもないけれど、自分《じぶん》の子《こ》どもは読《よ》み書《か》きが苦手《にがて》だという特性《とくせい》を持《も》っていた。それを認《みと》め、お子《こ》さんが「どうしたら生《い》きやすくなるのか」、そのサポート方法《ほうほう》について考《かんが》えたほうがいいと思《おも》いませんか？

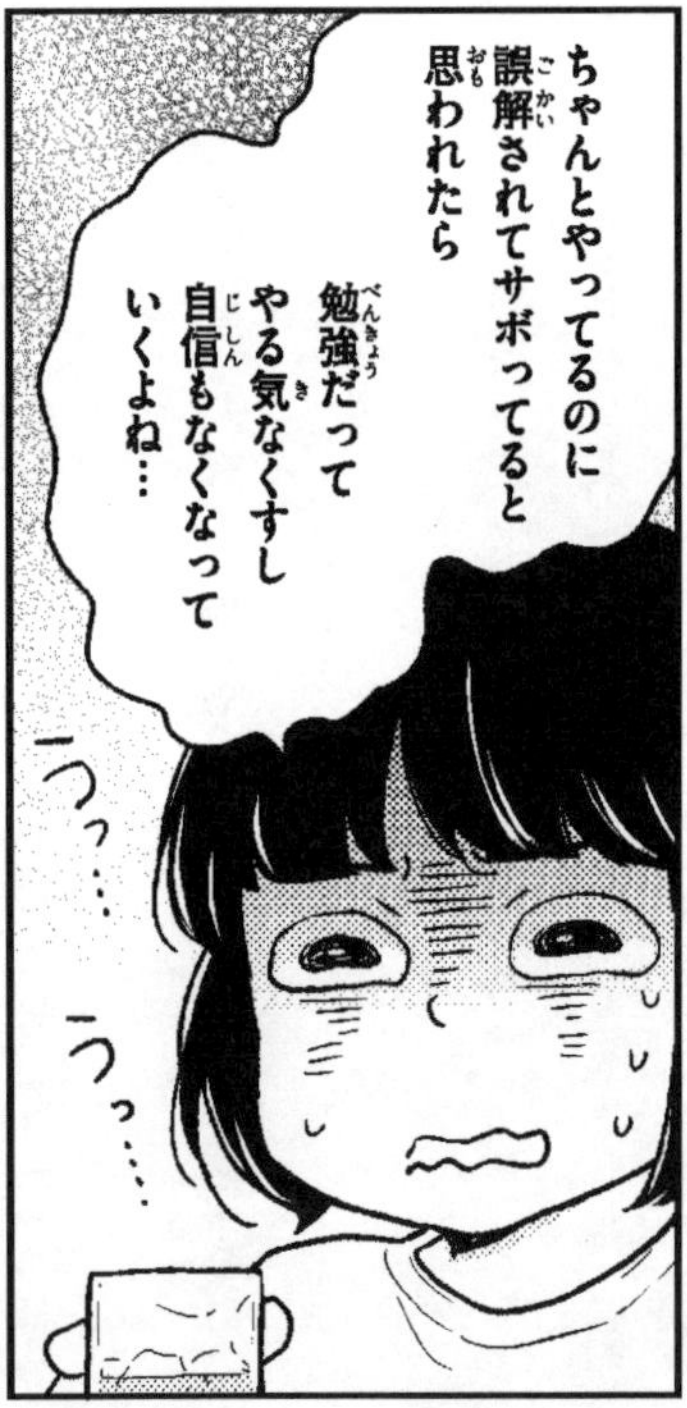
ちゃんとやってるのに誤解《ごかい》されてサボってると思《おも》われたら
勉強《べんきょう》だってやる気《き》なくすし自信《じしん》もなくなっていくよね…
うっ…
うっ…
『うちの子《こ》は字《じ》が書《か》けない』より抜粋《ばっすい》

（8）発達性《はったつせい》読《よ》み書《か》き障害《しょうがい》の二次障害《にじしょうがい》とは？

読《よ》み書《か》きは、国語《こくご》のみならずほかの教科《きょうか》の学習《がくしゅう》にも必要不可欠《ひつようふかけつ》なスキルです。学習《がくしゅう》を支《ささ》える基盤《きばん》と言《い》っても過言《かごん》ではないでしょう。

計算《けいさん》がとくにできなかったり、運動《うんどう》ができなかったり……ほかの苦手《にがて》も辛《つら》いですが、読《よ》み書《か》きができないことはすべての教科《きょうか》につながります。いくら計算方法《けいさんほうほう》がわかっていても、算数《さんすう》の文章問題《ぶんしょうもんだい》も解《と》けなくなります。本来《ほんらい》できないのは「読《よ》み書《か》きだけ」ですが、そのひとつの苦手《にがて》をきっかけに、学習進度《がくしゅうしんど》が遅《おく》れ、勉強《べんきょう》そのものが苦手《にがて》（嫌《きら》い）になったり、同級生《どうきゅうせい》が難《なん》なくできることが同《おな》じようにできないことで、自信《じしん》をなくし、積極性《せっきょくせい》がなくなったりすることがあります。

大人《おとな》でも、仕事《しごと》などで失敗《しっぱい》の経験《けいけん》が重《かさ》なると「自分《じぶん》にはこの仕事《しごと》は向《む》いていないのかもしれない」と落《お》ち込《こ》みますよね。僕《ぼく》も研究費《けんきゅうひ》を獲得《かくとく》できないことが続《つづ》くと、どうして認《みと》めてもらえないのかと嫌《いや》な気持《きも》ちになり、研究者《けんきゅうしゃ》としての自信《じしん》がゆるぎます。子《こ》どもは僕《ぼく》たち大人《おとな》にとっての職場《しょくば》と同《おな》じくらいの時間《じかん》を学校《がっこう》で過《す》ごしているのだから、その学校《がっこう》で力《ちから》が認《みと》めてもらえないというのは辛《つら》いことです。

子《こ》どもの場合《ばあい》は、「わかってもらえた」という成功体験《せいこうたいけん》が少《すく》ない状態《じょうたい》で、失敗《しっぱい》の経験《けいけん》ばかりを積《つ》んでしまうことになるため、影響《えいきょう》はさらに大《おお》きいです。

LD《エルディ》・ディスレクシアセンターにくるお子《こ》さんを見《み》ていると、小学校高学年《しょうがっこうこうがくねん》以上《いじょう》くらいになると、自信喪失《じしんそうしつ》して、おどおどしている子《こ》が大変多《たいへんおお》いです。精神的《せいしんてき》にかなりダメージを受《う》けてきたのでしょうね。精神的《せいしんてき》に、二次的《にじてき》な影響《えいきょう》が出《で》ている……これは二次障害《にじしょうがい》と言《い》えます。

こうならないために、いちばん大切《たいせつ》なのは、家族《かぞく》がお子《こ》さんを受《う》け入《い》れ、認《みと》めてあげることです。

お父《とう》さんも発達性読《はったつせいよ》み書《か》き障害《しょうがい》のおうちがあると、前項《ぜんこう》で述《の》べました。お子《こ》さんの検査《けんさ》をして、そのあと、読《よ》み書《か》きが苦手《にがて》だというお父《とう》さんも検査《けんさ》をして、ふたりとも発達性読《はったつせいよ》み書《か》き障《しょう》害《がい》であることがわかりました。

そこの息子《むすこ》さんがLD《エルディ》・ディスレクシアセンターにはじめてやってきたのは小学校高学年《しょうがっこうこうがくねん》か中学生《ちゅうがくせい》か……そのくらいでした。ところがこの子《こ》は、自信喪失《じしんそうしつ》している様子《ようす》もなく、とにかく明《あか》るくて元気《げんき》なんです。

思《おも》わず、こっそりお母《かあ》さんに「ちょっと変《へん》なことを聞《き》きますけど、僕《ぼく》がよく見《み》ている子《こ》どもたちの典型的《てんけいてき》なパターンじゃないんだけど、思《おも》い当《あ》たることはありますか?」と聞《き》いたところ、家《いえ》ではお父《とう》さんが「勉強《べんきょう》はしなくていい」、「自分《じぶん》も苦手《にがて》だったから大丈夫《だいじょうぶ》」と言《い》い切《き》っているというんです。

「苦手《にがて》なのはお前《まえ》のせいじゃない」、「無理《むり》して苦手《にがて》なことをしなくていい」と、家族《かぞく》が本人《ほんにん》の状態《じょうたい》を受《う》け入《い》れているのは、精神的《せいしんてき》にこんなにも良《よ》い影響《えいきょう》があるのかと実感《じっかん》しました。

その彼《かれ》はもう高校《こうこう》3年生《ねんせい》になるんですが、お父《とう》さんを尊敬《そんけい》していて、自営業《じえいぎょう》であるお父《とう》さんの仕事《しごと》を手伝《てつだ》っていきたいと思《おも》っているようです。

お父《とう》さん自身《じしん》が読《よ》み書《か》き、勉強《べんきょう》が苦手《にがて》でも結婚《けっこん》して子《こ》どももしっかり育《そだ》てていて、事務的《じむてき》なことはお母《かあ》さんが担当《たんとう》しているとはいえ仕事《しごと》もしっかりできて、社会的《しゃかいてき》に認《みと》められている。そんな立派《りっぱ》なお父《とう》さんが、「自分《じぶん》も勉強《べんきょう》(読《よ》み書《か》き)が苦手《にがて》だったからしなくていい!!」と言《い》い切《き》り、勉強《べんきょう》以外《いがい》のところでお子《こ》さんを認《みと》めている。

彼《かれ》もそれを見《み》ているから、不安《ふあん》がないのかもしれませんね。

彼《かれ》の発達性《はったつせい》読《よ》み書《か》き障害《しょうがい》の症状《しょうじょう》は決《けっ》して軽《かる》くはないのですが、ＩＱ《アイキュー》は１４０くらいととても高《たか》いんです。頭《あたま》がいいから、しゃべっていてもとてもおもしろい。

彼《かれ》は、頭《あたま》の良《よ》さ、知能《ちのう》の高《たか》さと、読《よ》み書《か》きができるできないは本当《ほんとう》に関係《かんけい》がないという例《れい》でもありますね。

第《だい》1話《わ》　きょうだいで発達性《はったつせい》読《よ》み書《か》き障害《しょうがい》でした

ナツ 中学《ちゅうがく》2年《ねん》 2学期《がっき》
I am
…イット?
…え…? 本気《ほんき》で言《い》ってる?
アイアム…だよ
えー? マジで?
頭文字《かしらもじ》がI《アイ》だから イットかと思《おも》った
…いやいや いやいや…
別《べつ》によくない? イットで
いやいや いや…
英会話教室《えいかいわきょうしつ》には 4歳《さい》から 9年間《ねんかん》通《かよ》っていた

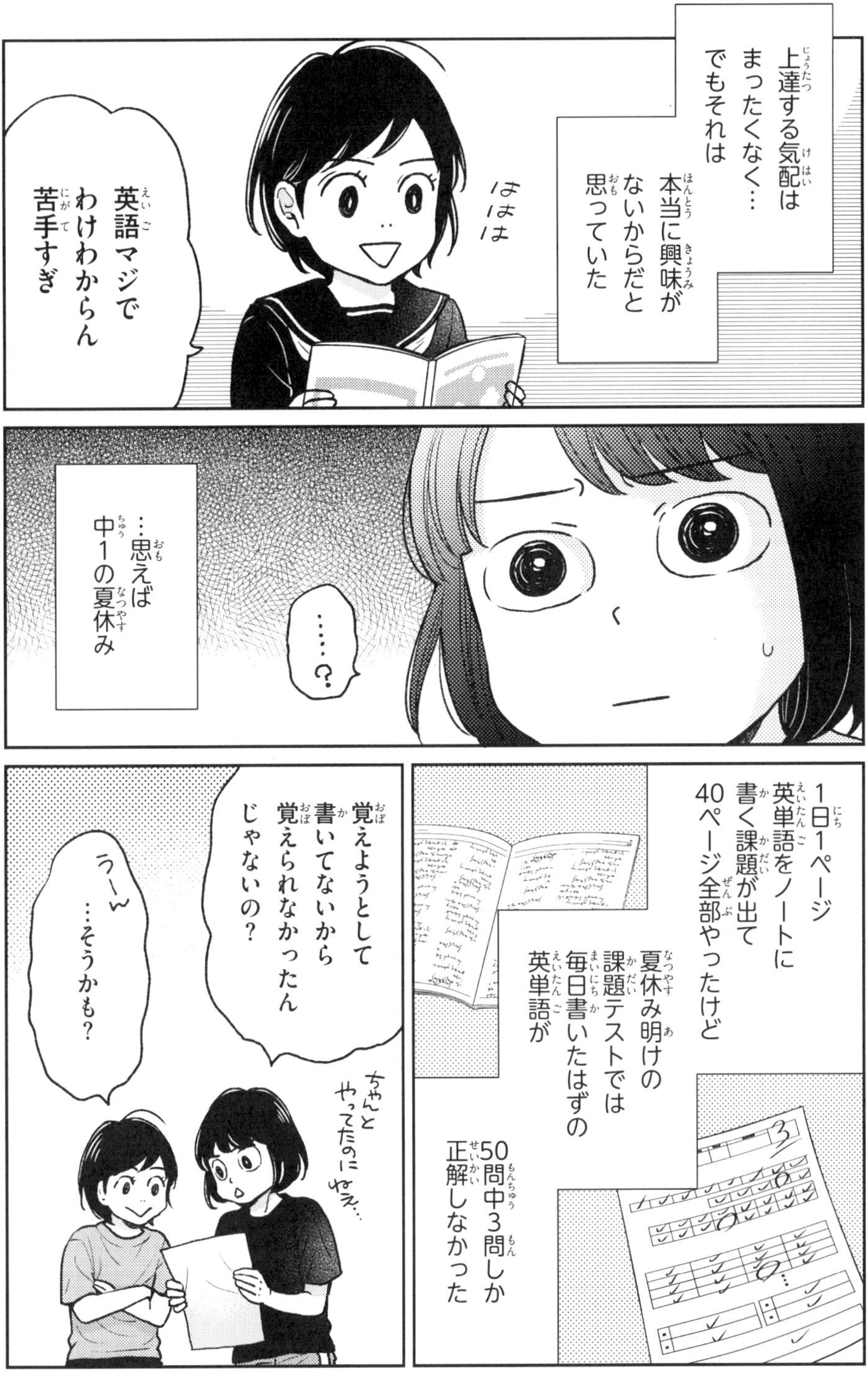

上達《じょうたつ》する気配《けはい》は
まったくなく…
でもそれは
本当《ほんとう》に興味《きょうみ》が
ないからだと
思《おも》っていた
ははは
英語《えいご》マジで
わけわからん
苦手《にがて》すぎ
…思《おも》えば
中《ちゅう》1の夏休《なつやす》み
……?
1日《にち》1ページ
英単語《えいたんご》をノートに
書《か》く課題《かだい》が出て
40ページ全部《ぜんぶ》やったけど
夏休《なつやす》み明《あ》けの
課題《かだい》テストでは
毎日《まいにち》書《か》いたはずの
英単語《えいたんご》が
50問中《もんちゅう》3問《もん》しか
正解《せいかい》しなかった
覚《おぼ》えようとして
書《か》いてないから
覚《おぼ》えられなかったん
じゃないの?
ちゃんと
やってたのに
ねぇ…
う〜ん
…そうかも?

…頭《あたま》が悪《わる》い
わけじゃない
同《おな》じく夏休《なつやす》み明《あ》けにあった地理《ちり》の世界《せかい》の国名《こくめい》テストは100点《てん》だった
すごくない⁉
すごい!
おばあちゃんといとことゲーム感覚《かんかく》で遊《あそ》びながら覚《おぼ》えたから
ふふっ
楽《たの》しく覚《おぼ》えられたんだよね～!
なるほど…!!
成績《せいせき》は決《けっ》していいほうではないけど
頭《あたま》の回転《かいてん》は早《はや》いし受《う》け答《こた》えはしっかりできるし
好《す》きなアニメや漫画《まんが》の考察《こうさつ》をきくとその理解力《りかいりょく》に驚《おどろ》くほど…
まあそれはオタクだからかもしれないけど
…いや…でも…
…まさか…

英語《えいご》だけがとくにできない発達性《はったつせい》読《よ》み書《か》き障害《しょうがい》?
ありますよ
あるんだ
ずーん…
やっぱり…
千葉《ちば》さん結構《けっこう》勉強《べんきょう》してたのに知《し》らなかった…?
…知《し》らないというか…ええ…まあ…
フユは英語《えいご》は苦労《くろう》してたものの割《わり》とテストでもなんとかなってたので…

…よくよく考《かんが》えたら英語《えいご》は日本語《にほんご》より複雑《ふくざつ》ですもんね…
英語《えいご》だけ極端《きょくたん》にできない場合《ばあい》そうですよね…
私《わたし》が自分《じぶん》で経験《けいけん》した以上《いじょう》の情報《じょうほう》は外《そと》からあんまり入《はい》ってきていないので…
そこまで頭《あたま》が回《まわ》りませんでした…
…いや
回《まわ》そうとしなかった
フユの障害《しょうがい》がわかってから気《き》を付《つ》けていたつもりだったのに
…また気付《きづ》くのが遅《おそ》くなった…
まあでも

しょうがないよ
!?
発達性《はったつせい》読《よ》み書《か》き障害《しょうがい》…発達性《はったつせい》ディスレクシアと ひとことで言《い》っても 重症度《じゅうしょうど》からなにから ひとりひとり 全然《ぜんぜん》違《ちが》いますからね
ナツちゃんが フユくんと同《おな》じ 症状《しょうじょう》だったら きっと気付《きづ》いてたでしょ
た… …確《たし》かに…
それよりも この先《さき》の ことですよ
ナツちゃんは… 聞《き》いた感《かん》じでは 発達性《はったつせい》読《よ》み書《か》き障害《しょうがい》の 可能性《かのうせい》が高《たか》いと思《おも》うけど
まず検査《けんさ》ですね！

そうして行《おこな》った検査《けんさ》の結果《けっか》
英語《えいご》だけがとくにできないと思《おも》っていたナツですが
実《じつ》はひらがな・カタカナにもできてない部分《ぶぶん》があった
漢字《かんじ》もほとんど書《か》けていなかった
「め」と「ぬ」とか「む」と「ね」みたいなくるんと丸《まる》まってる部分《ぶぶん》があるやつが迷《まよ》う
書《か》くとき何秒《なんびょう》か考《かんが》える 完全《かんぜん》にわからなくなって調《しら》べるときもある
漢字《かんじ》もテストの1時間《じかん》くらい前《まえ》に覚《おぼ》えたやつは書《か》けるけど 何日《なんにち》も前《まえ》に勉強《べんきょう》したやつは思《おも》い出《だ》せない
だからコツコツ前《まえ》から勉強《べんきょう》しなさいって言《い》われてもするだけムダで

覚《おぼ》えられないから勉強《べんきょう》する気《き》にもならないし
全然《ぜんぜん》書《か》く気《き》にもならない
でも別《べつ》にそれが自分《じぶん》の普通《ふつう》だから
あんまり気《き》にしてなかったけど…
…みんなは違《ちが》ったんだね
し…
…衝撃《しょうげき》……
…ナツは
幼稚園年中《ようちえんねんちゅう》さんの頃《ころ》お友達《ともだち》にお手紙《てがみ》を書《か》きたい！と言《い》って自分《じぶん》から字《じ》を書《か》きはじめた
字《じ》おしえて〜!!

しょっちゅう私《わたし》にもメッセージカードをくれたり
手《て》づくりの花つきカード
色々《いろいろ》なものを作《つく》ってはプレゼントしてくれた
手づくり絵本《えほん》
小学校《しょうがっこう》のテストでも中学《ちゅうがく》に入《はい》ってからの漢字《かんじ》テストでも
そこそこの点数《てんすう》をとっていた…
70
あー！それはね！
テストは良《い》い点《てん》のやつだけ見《み》せてた！
テスト直前《ちょくぜん》に覚《おぼ》えたから
忘《わす》れずに書《か》けたやつだね
てへ♡
むしろ頭《あたま》いい…！
英語《えいご》はねー
アルファベット一文字《ひともじ》ずつならなんとか書《か》けるけど
たまに形《かたち》がわかんなくなるときあるし

「b《ビー》」と「d《ディー》」は絶対《ぜったい》どっちだか迷《まよ》うし
単語《たんご》っていうより文字《もじ》が合《あ》わさった図形《ずけい》みたい
b《ビー》 d《ディー》
文字《もじ》がひとかたまりに
見《み》えたりする
頭文字《かしらもじ》が同《おな》じものは全部同《ぜんぶおな》じ単語《たんご》に見《み》えるし…
What
Why
Where
When
何《なに》がちがうのかわかんない!!
それでもかろうじて区別《くべつ》しやすいのは形《かたち》がおもしろいもの
wood
oがふたつつづく
fly
上《うえ》や下《した》にとび出《で》てる
でも基本的《きほんてき》に読《よ》めないから
書《か》けるわけないし覚《おぼ》えられるわけない
教科書見《きょうかしょみ》ても全然《ぜんぜん》なに書《か》いてるか意味不明《いみふめい》

…でも
まあいいかなーって
それは…　…書《か》けないのが自分《じぶん》の普通《ふつう》だから…？
…そうだよ
書《か》けたらいいなーとは思《おも》うけど書《か》けないもんはしょうがないじゃん

そう…
症状《しょうじょう》の違《ちが》いもあるとはいえ兄妹《きょうだい》でもこんなに「書《か》けない」ことへの捉《とら》え方《かた》が違《ちが》うのか…
『うちの子《こ》は字《じ》が書《か》けない』の主人公《しゅじんこう》として描《か》いた兄《あに》のフユは
幼稚園《ようちえん》の頃《ころ》から本《ほん》を読《よ》むのが大好《だいす》きで図鑑《ずかん》を隅々《すみずみ》まで読《よ》んで暗記《あんき》までしていた
でも自分《じぶん》から字《じ》を書《か》こうとはせず
小学校《しょうがっこう》に入《はい》って2年生《ねんせい》になっても大半《たいはん》のひらがなが書《か》けなかった
小《しょう》6で専門機関《せんもんきかん》でのトレーニングを開始《かいし》してやっと
ひらがな・カタカナが完璧《かんぺき》に書《か》けるようになった
がんばったよ!!
それから高校《こうこう》3年生《ねんせい》までずっとトレーニングを続《つづ》けていたけど
書《か》ける漢字《かんじ》は小《しょう》3で習《なら》うくらいの漢字《かんじ》まで

普段使《ふだんつか》うことが
多《おお》い漢字《かんじ》はそれでも
だいぶ書《か》けるようには
なったけど
いまだに家《いえ》の住所《じゅうしょ》の
漢字《かんじ》を間違《まちが》えて
しまうことがある
専門学校《せんもんがっこう》の
願書《がんしょ》を
書《か》くの
大変《たいへん》そうだった
あ゛っ
またまちがえた……
…ちなみに
フユはASD《エーエスディ》
ナツはAD《エーディ》／HD《エイチディ》を
併発《へいはつ》しているため
あっそうだ!!
豆情報《まめじょうほう》
※『うちの子《こ》は字《じ》が書《か》けない』
のあとがきにも書《か》きましたが
前作《ぜんさく》では発達性《はったつせい》読《よ》み書《か》き障害《しょうがい》の
症状《しょうじょう》（特徴《とくちょう》）を正確《せいかく》に伝《つた》えるために
フユを
「読《よ》み書《か》き障害《しょうがい》だけあって
他《ほか》のことは普通《ふつう》にできる子《こ》」
として描《か》いています。
本書《ほんしょ》はもう一歩《いっぽ》踏《ふ》み込《こ》んだ
ところまでお伝《つた》えするために
前作《ぜんさく》とはあえて違《たが》えています
症状《しょうじょう》の違《ちが》いには
これらの障害《しょうがい》の
影響《えいきょう》もあるかも
しれないのだけど…
フユ…
マイペース
コミュニケーション
苦手《にがて》
ナツ…
好《す》きなことしかやらない
興味《きょうみ》ないことは
頭《あたま》に入《はい》らない
豆情報《まめじょうほう》2
※発達性《はったつせい》読《よ》み書《か》き障害《しょうがい》と
その他《た》の障害《しょうがい》の併発《へいはつ》に
ついては38ページに
詳《くわ》しく説明《せつめい》があります！

フユのときは「これはなんだかおかしい…」とすぐに気《き》が付《つ》いたけど
ナツについては…もしフユが発達性《はったつせい》読《よ》み書《か》き障害《しょうがい》でなければ「英語《えいご》が嫌《きら》い」「英語《えいご》が苦手《にがて》」でずっと気付《きづ》かなかったかもしれない…
…もしかしたら世《よ》の中《なか》にはナツみたいに
「これが自分《じぶん》の普通《ふつう》だからこんなもんだよ」って思《おも》って過《す》ごして
自分《じぶん》が発達性《はったつせい》読《よ》み書《か》き障害《しょうがい》だって気付《きづ》いてない人《ひと》の方《ほう》が多《おお》いのかもしれない
にこっ
性格《せいかく》のちがいもあるだろうし
フユみたいにコンプレックスが表《おもて》に出《で》ているタイプの方《ほう》が気付《きづ》きやすいんだな…
…にこっ

それで
え？
ナツちゃんはどうしたいですか？
あっ…
そうだった
訓練《くんれん》するかどうかは本人《ほんにん》の意志《いし》しだい…
私《わたし》は
う〜ん
トレーニングはしなくていいかな…
お兄《にい》ちゃんは書《か》けるようになりたいってちゃんと練習《れんしゅう》してすごいなあって思《おも》ってるけど
いいんだ…
私《わたし》は別《べつ》にいいですスマホあるし漢字《かんじ》書《か》くときは見《み》ればいいし

英語《えいご》とか この先外国《さきがいこく》で 暮《く》らすわけでも ないし
むしろ日本《にほん》で 暮《く》らしたいし
日本《にほん》のマンガやアニメ 最高《さいこう》やん
英語《えいご》できなくても 私《わたし》 絵《え》が 上手《うま》いし〜
テスト勉強《べんきょう》は 大変《たいへん》かも しれないけど
まあなんとか なるでしょ！
トレーニングも ここに通《かよ》うの めんどくさいし〜
だと思《おも》った…
…あっけらかんと 言《い》い放《はな》ったナツを見《み》て 不安《ふあん》にもなったが …同時《どうじ》に
漢字《かんじ》が書《か》けるように なりたい…と言《い》った ときのフユを思《おも》い出《だ》し
全然《ぜんぜん》真逆《まぎゃく》のことを 言《い》っているのに 妙《みょう》に頼《たの》もしく感《かん》じた
結局《けっきょく》 ひらがなと カタカナを完璧《かんぺき》に するために
少《すこ》しの間《あいだ》だけ 専門機関《せんもんきかん》には通《かよ》った

同《おな》じ発達性読《はったつせいよ》み書《か》き障害《しょうがい》でも
症状《しょうじょう》は兄妹《きょうだい》でまったく違《ちが》う
その子《こ》その子《こ》で障害《しょうがい》への考《かんが》えも向《む》き合《あ》い方《かた》もまったく違《ちが》う
勉強《べんきょう》になるなあ…
さて…きっとこれからまた大変《たいへん》だぞ…

COLUMN

「発達性読《はったつせいよ》み書《か》き障害《しょうがい》」の呼《よ》び方《かた》

メディアでは、発達性読《はったつせいよ》み書《か》き障害《しょうがい》のことを、英語名《えいごめい》で単《たん》に「ディスレクシア」と呼《よ》んでいる場合《ばあい》がありますが、「ディスレクシア」は「読《よ》めない」という症状《しょうじょう》を表《あらわ》すと きと診断名《しんだんめい》と、両方《りょうほう》に使《つか》われる言葉《ことば》です。

単《たん》に「私《わたし》はディスレクシアです」と言《い》ってしまうと、「私《わたし》は文字《もじ》を読《よ》めません」と症状《しょう》を説明《せつめい》しているのか、「私《わたし》は発達性《はったつせい》ディスレクシアです」と診断名《しんだんめい》を意味《いみ》しているのかの区別《くべつ》がつかないため、「発達性読《はったつせいよ》み書《か》き障害《しょうがい》」という診断名《しんだんめい》の意味《いみ》でディスレクシアという言葉《ことば》を用《もち》いる場合《ばあい》は、必《かなら》ず「発達性《はったつせい》ディスレクシア」と「発達性《はったつせい》」をつけて表現《ひょうげん》してほしいと考《かんが》えています。

講演先《こうえんさき》などで、発達性読《はったつせいよ》み書《か》き障害《しょうがい》が疑《うたが》われる子《こ》の保護者《ほごしゃ》から、舅《しゅうと》や姑《しゅうとめ》が、孫《まご》が発達性読《はったつせいよ》み書《か》き障害《しょうがい》だということを認《みと》めたくないから病院《びょういん》にも連《つ》れていけないという話《はなし》を聞《き》いたことがあります。

LD《エルディ》・ディスレクシアセンターでも、「『学習障害《がくしゅうしょうがい》』と書《か》かずに『LD《エルディ》』と書《か》いてください」と言《い》われることがあります。障害《しょうがい》が認《みと》められないお姑《しゅうとめ》さんに対《たい》して、「L《エル》D《ディ》・ディスレクシアセンター」というのは塾《じゅく》だと言《い》っている…というんですね。「L《エル》D《ディ》」や「ディスレクシア」という言葉《ことば》には「障害《しょうがい》」の字《じ》が入《はい》っていないから、これだとわからないと。

だから、読《よ》み書《か》き障害《しょうがい》と言《い》わず、ディスレクシアと言《い》いたい、という人《ひと》の気持《きも》ちもわかります。その場合《ばあい》は、あとひとつ、「発達性《はったつせい》」をつけることを意識《いしき》していただけるとありがたいです。

「発達性《はったつせい》」とつけることで、この症状《しょうじょう》が生《う》まれつきの障害《しょうがい》であり、事故《じこ》や病気《びょうき》で大《だい》脳《のう》を損傷《そんしょう》された後遺症《こういしょう》で読《よ》み書《か》きができなくなった後天性《こうてんせい》の場合《ばあい》とも区別《くべつ》することができます。後天性《こうてんせい》のディスレクシアの患者《かんじゃ》さんを知《し》っている方《かた》は、ここを厳密《げんみつ》に使《つか》い分《わ》けています。

ほかにも「特異的読《とくいてきよ》み障害《しょうがい》」や「難読症《なんどくしょう》」、「識字障害《しきじしょうがい》」などの呼《よ》び方《かた》もありますが、これらは症状《しょうじょう》をきちんと伝《つた》えられない言葉《ことば》なので、研究者《けんきゅうしゃ》としてはあまり使《つか》ってほしくないと思《おも》っています。読《よ》みに困難《こんなん》があるという意味《いみ》で「難読《なんどく》」と使《つか》うのでしょうが、通常《つうじょう》、読《よ》みに困難《こんなん》のある人《ひと》は書《か》きにも困難《こんなん》が出《で》ます。生《う》まれつきの症状《しょうじょう》で、読《よ》むほうだけができないというのは、ほとんどありえません。

ただ、「書字障害《しょじしょうがい》」に関《かん》しては、読《よ》みには問題《もんだい》がなく、書字《しょじ》にのみ困難《こんなん》がある人《ひと》もいるので、そうした人《ひと》が使《つか》う分《ぶん》には納得《なっとく》です。しかしこれも「発達性《はったつせい》」をつけて「発達性《はったつせい》書字《しょじ》障害《しょうがい》」、「発達性《はったつせい》ディスグラフィア」というのが正《ただ》しいです。英語《えいご》で表《あらわ》すならば、developmental dysgraphia となります。

……が、読《よ》み書《か》き双方《そうほう》に問題《もんだい》がある場合《ばあい》、一般的《いっぱんてき》にはまとめて「発達性《はったつせい》読《よ》み書《か》き障害《しょうがい》」と言《い》ってほしいところです。

　こうした呼《よ》び方《かた》の違《ちが》いは、ささいなことと感《かん》じられるかもしれませんが、実際《じっさい》は書《か》くことに困難《こんなん》がある人《ひと》のほうが圧倒的《あっとうてき》に多《おお》いのに、「難読症《なんどくしょう》」、「読《よ》み障害《しょうがい》」、「識字障害《しきじしょうがい》」と呼《よ》ぶことで、「読《よ》めるんだから大丈夫《だいじょうぶ》」と、当事者《とうじしゃ》の抱《かか》えている書字《しょじ》の困難《こんなん》が見過《みす》ごされてしまう危険性《きけんせい》があるのです。また、当事者《とうじしゃ》が書字《しょじ》にのみ困難《こんなん》があると思《おも》っていたけれど、検査《けんさ》をしてみたら実《じつ》は読《よ》みにも困難《こんなん》があったという場合《ばあい》もあります。

　実際《じっさい》こうした間違《まちが》った名称《めいしょう》の使《つか》い方《かた》により、困難《こんなん》が見過《みす》ごされてしまう事例《じれい》もあり、これは教育的《きょういくてき》に大変《たいへん》まずいことだと思《おも》っています。

僕《ぼく》からみなさんに
ひとつだけ要望《ようぼう》が！
必《かなら》ず前《まえ》に「発達性《はったつせい》」をつけて欲《ほ》しい！
「発達性《はったつせい》読《よ》み書《か》き障害《しょうがい》」
「発達性《はったつせい》ディスレクシア」
「発達性《はったつせい》」…
先生《せんせい》がそこまでおっしゃるってことは…とっても大事《だいじ》なことなんですね「発達性《はったつせい》」……
はい
「後天性《こうてんせい》」の読《よ》み書《か》き障害《しょうがい》もありますからね…区別《くべつ》しないといけません！
「発達性《はったつせい》読《よ》み書《か》き障害《しょうがい》」！
はい 千葉《ちば》さんも！
はっ…
はムっ
「発達性《はったつせい》読《よ》み書《か》き障害《しょうがい》」！
みんなも覚えてね☆
「発達性《はったつせい》読《よ》み書《か》き障害《しょうがい》」

第《だい》2章《しょう》

読《よ》み書《か》きが苦手《にがて》な子《こ》どものためにできること

(1)お子《こ》さんの状態《じょうたい》を受《う》け入《い》れる

「努力《どりょく》をすればだれもがオリンピック選手《せんしゅ》になれる」

この言葉《ことば》に「その通《とお》りだ!」と思《おも》う人《ひと》はあまりいないと思《おも》います。

走《はし》るのが苦手《にがて》な子《こ》は、どれだけ努力《どりょく》をしてたくさん走《はし》り込《こ》んでも、オリンピックに出《で》られるほどにタイムは伸《の》びないでしょう。泳《およ》ぐのが苦手《にがて》な子《こ》が、努力《どりょく》の結果《けっか》、なんとか浮《う》き輪《わ》やビート板《ばん》なしに泳《およ》ぐことができるようになっても、世界記録《せかいきろく》を更新《こうしん》するほど速《はや》く泳《およ》げるようになることは……果《は》たして可能《かのう》なのでしょうか。

けれど、勉強《べんきょう》に関《かん》しては「努力《どりょく》すれば東大《とうだい》にだって行《い》ける」と思《おも》っている人《ひと》が少《すく》なからずいらっしゃるようです。不思議《ふしぎ》ですね。

読《よ》み書《か》きに障害《しょうがい》のある子《こ》どもたちは、どれだけがんばって同《おな》じ文字《もじ》を何十回《なんじゅっかい》、何百回《なんびゃっかい》、何《なん》ページぶん書《か》き取《と》りをしても、通常《つうじょう》のやり方《かた》では読《よ》み書《か》きを習得《しゅうとく》することはできません。

こうした子《こ》どもは、先生《せんせい》からは「まじめに授業《じゅぎょう》を受《う》けていないのではないか」、「宿題《しゅくだい》をちゃんとやっていないからではないか」と思《おも》われがちです。人並《ひとな》み以上《いじょう》に努力《どりょく》をして、長《なが》い時間《じかん》をかけて取《と》り組《く》んだ書《か》き取《と》りの宿題《しゅくだい》も「こんな簡単《かんたん》な文字《もじ》を間違《まちが》えて書《か》いているなんて、やる気《き》がないからではないか」と言《い》われることがあります。

先生方《せんせいがた》には、子《こ》どもが「勉強《べんきょう》してもできない」のか「勉強《べんきょう》していないからできない」のかがわからないんですね。

わからないのは先生《せんせい》だけではありません。保護《ほご》者《しゃ》であっても、自分《じぶん》が難《なん》なく読《よ》み書《か》きができてきた人《ひと》だったら子《こ》どもに対《たい》して同《おな》じことを思《おも》ってしまうことがあるかもしれません。

読《よ》み書《か》きができないお子《こ》さんに対《たい》し、「なんとか読《よ》み書《か》きできるようにしないと」、「もっと勉強《べんきょう》させないと」……と考《かんが》えていませんか?

実際《じっさい》、僕《ぼく》も何度《なんど》も保護者《ほごしゃ》の方《かた》から「どうしたら書《か》けるようになりますか?」、「なにをしたらいいですか?」と聞《き》かれました。

しかし実際《じっさい》のところ、**ご両親《りょうしん》が主体《しゅたい》となっての**読《よ》み書《か》きの練習《れんしゅう》やトレーニングはしないほうがいい、というのが僕《ぼく》の考《かんが》えです。

LD《エルディ》・ディスレクシアセンターでは、まず最初《さいしょ》に電話《でんわ》で受《う》け付《つ》けをするのですが、そのときに必《かなら》ず保護者《ほごしゃ》に確認《かくにん》するのは「本人《ほんにん》はその気《き》になっていますか」ということです。もちろん、正直《しょうじき》に言《い》わない保護者《ほごしゃ》もいます。だいたい最初《さいしょ》に専門機関《せんもんきかん》に問《と》い合《あ》わせをして、トレーニングをしたい(させたい)と言《い》うのは、当事者《とうじしゃ》の子《こ》どもではなく保護者《ほごしゃ》ですからね。

電話《でんわ》でもお話《はな》ししたうえで、ＬＤ《エルディ》・ディスレクシアセンターにきたときにも確認《かくにん》し、さらに検査《けんさ》を終《お》えてトレーニングに入《はい》る前《まえ》に、今度《こんど》は本人《ほんにん》にも意志《いし》を確認《かくにん》します。

検査《けんさ》は受《う》けるけれども、トレーニングに関《かん》して本人《ほんにん》がやる気《き》になっていないのに、やる気《き》があると言《い》ってしまった保護者《ほごしゃ》はドキドキしながらその様子《ようす》を見守《みまも》っていますね。ふてくされながら検査《けんさ》を受《う》けていたお子《こ》さんが、僕《ぼく》と話《はなし》をして「じゃあやってみるよ」と答《こた》えたのを見《み》て、涙《なみだ》したお母《かあ》さんもいらっしゃいました。

検査《けんさ》、本人《ほんにん》の意志確認《いしかくにん》を経《へ》て、「じゃあトレーニングをはじめましょう」となったときに、僕《ぼく》がお父《とう》さんお母《かあ》さんに言《い》うことは「練習《れんしゅう》しなさいと言《い》わないでください」です。これを保護者《ほごしゃ》への〈宿題《しゅくだい》〉としているくらいです。でも、だれだって忘《わす》れることはあるので、「宇野《うの》先生《せんせい》との約束《やくそく》はどうなってるの？」と聞《き》いてもらうのはいいことにしています。アラームとしての役割《やくわり》ですね。このときも「やりなさい」ではなく、「あれどうなってる？」くらいの声《こえ》かけに徹《てっ》してください。口出《くちだ》ししたくてもぐっとガマンをしていたほうが、親子関係《おやこかんけい》も良好《りょうこう》に保《たも》てるのです。

読《よ》み書《か》きの練習《れんしゅう》は、歩《ある》く練習《れんしゅう》と似《に》ています。本人《ほんにん》がその気《き》になって足《あし》を一歩前《いっぽまえ》に出《だ》さないと、どれだけまわりが期待《きたい》をかけても、うまくいきません。

自閉《じへい》スペクトラム症《しょう》やＡＤ《エーディ》／ＨＤ《エイチディ》の場合《ばあい》は、しつけのなかで本人《ほんにん》すら気《き》が付《つ》かないうちに、望《のぞ》ましい行動《こうどう》に修正《しゅうせい》されるということがあります。

すぐ道《みち》に飛《と》び出《だ》してしまう不注意《ふちゅうい》な子《こ》に、「道路《どうろ》を渡《わた》るときは横断歩道《おうだんほどう》で左右《さゆう》を指《ゆび》さして確《かく》認《にん》してから渡《わた》ること」と道路《どうろ》を渡《わた》るたびに教《おし》え続《つづ》けていると、それが習慣《しゅうかん》になって、道路《どうろ》に飛《と》び出《だ》さなくなる……というようなことです。しかしこの場合《ばあい》も、無意識《むいしき》にこの行動《こうどう》ができるようになっていたとしても、「自分《じぶん》は不注意《ふちゅうい》で、衝動的《しょうどうてき》に行動《こうどう》してしまうことがある」と知《し》っていたほうがいいですよね。そうすれば、別《べつ》の場面《ばめん》においても行動《こうどう》をカバーできることがあります。

発達性読《はったつせいよ》み書《か》き障害《しょうがい》の場合《ばあい》は、それ以上《いじょう》に「自分《じぶん》でなんとかしたい」という意志《いし》がすごく重要《じゅうよう》です。トレーニングでは、「先生《せんせい》との約束《やくそく》を守《まも》って練習《れんしゅう》する」という自発的《じはってき》な気持《きも》ちを大事《だいじ》にしておかないといけません。

保護者《ほごしゃ》が主体《しゅたい》となってトレーニングをすると、親子関係《おやこかんけい》に悪《わる》い影響《えいきょう》が出《で》ることがままありますし、お子《こ》さんの年齢《ねんれい》や性格《せいかく》にもよりますが、正直《しょうじき》なところ、多《おお》くの場合《ばあい》、失敗《しっぱい》すると思《おも》います。

親子《おやこ》での約束《やくそく》にはどうしても甘《あま》えが生《う》まれます。親《おや》から子《こ》に対《たい》しては、本人《ほんにん》の能力《のうりょく》を超《こ》えた過剰《かじょう》な期待《きたい》も生《う》まれがちです。

それでも小学校低学年《しょうがっこうていがくねん》くらいまでは親《おや》が子《こ》どもに教《おし》えること、トレーニングすることは可能《かのう》ですが、それ以上《いじょう》……いわゆる思春期《ししゅんき》と呼《よ》ばれる年頃《としごろ》になると、トレーニングをきっかけに親子関係《おやこかんけい》が悪化《あっか》してしまうことすら考《かんが》えられます。

また、客観的《きゃっかんてき》に、家族以外《かぞくいがい》の人《ひと》が自分《じぶん》を認《みと》めてくれることは子《こ》どもの自信《じしん》ややる気《き》にもつながります。

親《おや》が「頭《あたま》が悪《わる》いわけじゃない、力《ちから》がないわけじゃない」といくら言《い》っても、「親《おや》だからそんな風《ふう》に言《い》うんだろ」、「親《おや》ばかだから……」あるいは、「やらせたくて根拠《こんきょ》なく言《い》っているんだ」と反発《はんぱつ》する子《こ》も、他人《たにん》からの言葉《ことば》であれば素直《すなお》に受《う》け取《と》れることがあります。

苦手《にがて》なことを克服《こくふく》したい、少《すこ》しでもできるようになりたいという子《こ》どもの気持《きも》ちを大事《だいじ》にするとき、「できるようになりたいならもっとがんばりなさい」と声《こえ》をかけるのはもう相当《そうとう》がんばってしまっている子《こ》どもに対《たい》しては逆効果《ぎゃくこうか》です。この場合《ばあい》は叱咤激励《しったげきれい》するのではなく、「いつもがんばっていてえらいね」と褒《ほ》めてください。

こう言《い》うと、子《こ》どものことを素直《すなお》に褒《ほ》めるのが難《むずか》しい……とおっしゃる保護者《ほごしゃ》もいらっしゃいますね。

しかし、子《こ》どもも苦手《にがて》と向《む》き合《あ》ってトレーニングをしているのです。保護者《ほごしゃ》も褒《ほ》めるのが苦手《にがて》でもがんばって褒《ほ》めてください！

僕《ぼく》のようないい大人《おとな》でも、奥《おく》さんに作《つく》った料理《りょうり》を褒《ほ》めてもらえたときはうれしいですからね(笑《わらい》)。

家族《かぞく》の受《う》け入《い》れがとても大切《たいせつ》であることは、前章《ぜんしょう》の最後《さいご》でも述《の》べました。

いちばん身近《みぢか》である家族《かぞく》にありのままの状態《じょうたい》を受《う》け入《い》れてもらえている子《こ》どもは、精神的《せいしんてき》に落《お》ち着《つ》いています。逆《ぎゃく》に、さぼっているとか逃《に》げているとか思《おも》われていた子《こ》が大人《おとな》になると、気持《きも》ちが不安定《ふあんてい》になったり、道《みち》をそれてしまうことが多《おお》いです。

新興宗教《しんこうしゅうきょう》や暴力団《ぼうりょくだん》などに入《はい》る人《ひと》もいます。なぜかというと、そういう場所《ばしょ》では、「受《う》け入《い》れてもらえる」から。常《つね》に自分《じぶん》が受容《じゅよう》されていないと思《おも》っていた子《こ》は、そういう場所《ばしょ》で、受《う》け入《い》れてもらえること、優《やさ》しくされることに喜《よろこ》びを見出《みいだ》してしまうんです。家族《かぞく》に受《う》け入《い》れられている当事者《とうじしゃ》は、そういったことがほとんどありません。

精神的《せいしんてき》に落《お》ち着《つ》いていて、自信《じしん》があり、卑屈《ひくつ》ではないことは、長《なが》い人生《じんせい》において、読《よ》み書《か》きができること以上《いじょう》に大切《たいせつ》ではないでしょうか？

そう育《そだ》てることができるのは、保護者《ほごしゃ》だけです。そのためには、保護者《ほごしゃ》の方《かた》たちが気持《きも》ちに余裕《よゆう》を持《も》ち、精神的《せいしんてき》にも身体的《しんたいてき》にも健康《けんこう》であることが欠《か》かせません。子育《こそだ》ては大変《たいへん》だと思《おも》います。ぜひ自分《じぶん》だけで抱《かか》え込《こ》まずにいろんな方々《かたがた》に手伝《てつだ》ってもらい、自分《じぶん》の時間《じかん》を作《つく》っていただきたいと思《おも》います。

（2）就学前《しゅうがくまえ》の場合《ばあい》

まれに就学前《しゅうがくまえ》にＬＤ《エルディ》・ディスレクシアセンターに相談《そうだん》にいらっしゃる保護者《ほごしゃ》がいます。

年中《ねんちゅう》さん、年長《ねんちょう》さんくらいの年齢《ねんれい》でもひらがな、カタカナを読《よ》み書《か》きできる子《こ》はたしかにいます。そういったお子《こ》さんと比《くら》べて「お友《とも》だちはみんな読《よ》めているのにうちの子《こ》は全然《ぜんぜん》読《よ》めないんです」「家《いえ》でも教《おし》えているのに読《よ》めるようにならないんです」「うちの子《こ》、文字《もじ》にまったく興味《きょうみ》を示《しめ》さないんです」とおっしゃるんですね。

ところが、年長児《ねんちょうじ》の時期《じき》には、ひらがなの読《よ》み書《か》きの習得度《しゅうとくど》に関《かん》しては、どれだけ教《おし》えたかどうかは、実《じつ》はほとんど関係《かんけい》がないのです。

幼稚園年長《ようちえんねんちょう》さん約《やく》２５０名《めい》を対象《たいしょう》に、ひらがなの読《よ》み書《か》き習得度《しゅうとくど》と、習得《しゅうとく》に関《かか》わる家庭《かてい》での文字指導《もじしどう》について調査《ちょうさ》をしたことがあるのですが、データを分析《ぶんせき》したところ、家庭《かてい》で長時間教《ちょうじかんおし》えているからといって、書《か》けるようになるわけではないことがわかったのです。※7

これは単純《たんじゅん》なことで、読《よ》み書《か》きがすぐできるようになった子《こ》の親《おや》は、長《なが》い時間《じかん》かけて文字《もじ》を教《おし》えてはいないんですね。なぜなら、時間《じかん》をかけなくても、できちゃったから。

教《おし》えてもできないから、また教《おし》えて、やっぱりできないというお子《こ》さんには結果的《けっかてき》に長時間《ちょうじかん》かけて教《おし》えている……という現象《げんしょう》が起《お》きます。

ところが、そういう子《こ》でも小学《しょうがく》1年生《ねんせい》の夏休《なつやす》み頃《ごろ》になって教《おし》えると、そのうちの8割《わり》から9割《わり》の子《こ》はできるようになるのです。

どうしてこんなことが起《お》きるのかというと、子《こ》どもそれぞれのもともとのひらがな習得《しゅうとく》のための能力《のうりょく》の成長度合《せいちょうどあ》いがひとりひとり違《ちが》うからです。そうした能力《のうりょく》の成長《せいちょう》の早《はや》い子《こ》は、就学前《しゅうがくまえ》から親《おや》が熱心《ねっしん》に教《おし》えなくても生活《せいかつ》のなかで自然《しぜん》にひらがなの読《よ》み書《か》きを習得《しゅうとく》します。

たとえばゲームがやりたくて、ゲームに出《で》てくる文字《もじ》が読《よ》めるようになった……というのも「ゲームのおかげ」ではなく、もともとの能力《のうりょく》があったところに、そういった刺激《しげき》が加《くわ》わって習《しゅう》得《とく》に結《むす》びついたと考《かんが》えられます。

塾《じゅく》や幼稚園《ようちえん》での教育《きょういく》もそう。いくら熱心《ねっしん》に教《おし》えても、もともと文字習得《もじしゅうとく》に関係《かんけい》する能力《のうりょく》が低《ひく》ければ（あるいは、成長《せいちょう》が追《お》い付《つ》いていなければ）習得《しゅうとく》はできません。

焦《あせ》って早《はや》い段階《だんかい》で教《おし》えることは、子《こ》どもに「やってもできない」経験《けいけん》をさせてしまうだけです。覚《おぼ》えるための力《ちから》がついてからでないと、教《おし》える意味《いみ》がありません。タイミングが大事《だいじ》なのです。

こうした能力《のうりょく》の成長度合《せいちょうどあ》いには個人差《こじんさ》があり、成長《せいちょう》がゆっくりな子《こ》もいます。同《おな》じ日《ひ》に生《う》まれた子《こ》でも、立《た》つのも、歩《ある》きはじめるのも、歯《は》が生《は》えるのも時期《じき》は違《ちが》いますよね。早《はや》い子は生後《せいご》4か月《げつ》くらいで最初《さいしょ》の歯《は》が生《は》えるけど、遅《おそ》い子《こ》は1歳《さい》すぎだったりする。早《はや》ければいい、遅《おそ》いのはおかしいというわけではないことはおわかりいただけると思《おも》います。

文字《もじ》の習得《しゅうとく》に関《かか》わる能力《のうりょく》も同《おな》じです。成長《せいちょう》がゆっくりだからといって、「頭《あたま》が悪《わる》い」わけではありません。成長《せいちょう》が追《お》い付《つ》けば、すぐにほかの子《こ》と同《おな》じだけ読《よ》み書《か》きができるようになる可能《かのう》性《せい》があります。

そのため、とくに就学前《しゅうがくまえ》に関《かん》しては、最初《さいしょ》から障害《しょうがい》を疑《うたが》ってみないほうがいいと思《おも》います。小学《しょうがく》1年生《ねんせい》の夏休《なつやす》みまでは様子《ようす》を見《み》てください。

焦《あせ》って読《よ》み書《か》きを教《おし》えて、「努力《どりょく》してもできない」という失敗《しっぱい》の経験《けいけん》を積《つ》ませるのではなく、好《す》きなこと、楽《たの》しいことをやらせてあげてください。

それでもどうしてもなにか読《よ》み書《か》きに関《かか》わることをしたいという保護者《ほごしゃ》の方《かた》には、「読《よ》み聞《き》かせ」をおすすめします。これは発達性《はったつせい》読《よ》み書《か》き障害《しょうがい》の有無《うむ》にかかわらず、子《こ》どもの発達《はったつ》にとって語彙力《ごいりょく》を伸《の》ばしたり、いろんな表現《ひょうげん》を学《まな》ぶという点《てん》においていいことです。

また、「しりとり遊《あそ》び」もいいかもしれません。読《よ》み書《か》き習得《しゅうとく》のためのトレーニングになるわけではありませんので、積極的《せっきょくてき》にやったほうがいいとは言《い》いませんが、語彙《ごい》を増《ふ》やすきっかけにはなるでしょう。

「いるか」を「かるい」、「うさぎ」を「ぎさう」と反対《はんたい》から言《い》わせる「逆《さか》さ読《よ》み遊《あそ》び」がいいとおっしゃる人《ひと》もいますが、これは字《じ》を書《か》くことには直結《ちょっけつ》しません。もともと音韻能力《おんいんのうりょく》が弱《よわ》い場合《ばあい》、この遊《あそ》びを通《とお》して弱《よわ》い能力《のうりょく》があがる……とは考《かんが》えづらいです。でも、お子《こ》さんが嫌《いや》がらないのであれば、その範囲《はんい》で遊《あそ》ぶのは構《かま》わないと思《おも》います。

だんだんできるようになったとしたら、それは文字《もじ》の習得《しゅうとく》の時期《じき》と重《かさ》なっていて、ひらがなが頭《あたま》の中《なか》で書《か》けるようになり、それを反対《はんたい》から読《よ》むことができるようになったからできるようになっていったのではないかと思《おも》います。

なぞり書《が》きも、繰《く》り返《かえ》し書《か》くことも、「まったくやらない」よりはいいかもしれないですね。まったく役《やく》に立《た》たないとは思《おも》わないです。鉛筆《えんぴつ》を持《も》つこと、線《せん》を引《ひ》くことの練習《れんしゅう》にはなるでしょう。ただ、「書字《しょじ》」に効果的《こうかてき》であるとも思《おも》えないので、就学前《しゅうがくまえ》に遊《あそ》びの延長《えんちょう》としてするのは構《かま》いませんが、「トレーニング」として、効果《こうか》を期待《きたい》してやらせるものではないと思《おも》います。読《よ》み聞《き》かせやしりとりと比《くら》べて、子《こ》どもが「楽《たの》しめる」ものでもありませんし、僕個人《ぼくこじん》の考《かんが》えとしては、あまりおすすめはしません。

※7 猪俣朋恵《いのまたともえ》、宇野彰《うのあきら》、酒井厚《さかいあつし》、春原則子《はるはらのりこ》：年長児《ねんちょうじ》のひらがなの読《よ》み書《か》き習得《しゅうとく》に関《かか》わる認知能力《にんちのうりょく》と家庭《かてい》での読《よ》み書《か》き関連活動《かんれんかつどう》・音声言語医学《おんせいげんごいがく》・57(2)208-216,2016
小出芽以《こいでめい》、宇野彰《うのあきら》、猪俣朋恵《いのまたともえ》、荒木雄大《あらきゆうだい》、縄手雅彦《なわてまさひこ》、Lytinen Heikki：幼稚園年長児《ようちえんねんちょうじ》を対象《たいしょう》としたひらがな音読指導《おんどくしどう》の効果《こうか》・音声言語医学《おんせいげんごいがく》,2020

赤《あか》ちゃんの頃《ころ》から
子《こ》どもたちには
読《よ》み聞《き》かせを
していました
寝《ね》る前《まえ》に一人《ひとり》
一冊《いっさつ》好《す》きな本《ほん》を
必《かなら》ず読《よ》む…
大《おお》きくなるにつれ
たくさん読《よ》んで欲《ほ》しくて
長《なが》いお話《はなし》を選《えら》ぶように
小学校《しょうがっこう》にあがってからも
しばらく続《つづ》けていました
そのおかげか
どうかは
わかりませんが
ナツは
語《ご》彙《い》力《りょく》超《ちょう》高《たか》い！
って感《かん》じの
検《けん》査《さ》結《けっ》果《か》が
ふふっ
フユは小説《しょうせつ》が
大好《だいす》きに！
なにより
読《よ》み聞《き》かせは
じっくり子《こ》どもと
向《む》き合《あ》える
私《わたし》にとって
大切《たいせつ》な時間《じかん》でした

（3）小学《しょうがく》1年生《ねんせい》の夏休《なつやす》みが過《す》ぎても、ひらがなの読《よ》み書《か》きができない場合《ばあい》

小学《しょうがく》1年生《ねんせい》になると、ひらがなの読《よ》み書《か》きはほぼみんなできるようになります。

小学校入学《しょうがっこうにゅうがく》の時点《じてん》でまったくひらがなが読《よ》めなくても、それまで文字《もじ》に興味《きょうみ》がなくても、通《つう》常《じょう》の認知能力《にんちのうりょく》があり、練習《れんしゅう》すれば夏休《なつやす》み頃《ごろ》には読《よ》み書《か》きできるようになっている可能性《かのうせい》が高《たか》いです。だいたいの子《こ》のひらがな習得《しゅうとく》のための能力《のうりょく》が、このくらいの年頃《としごろ》になるとひらがなの習《しゅう》得《とく》ができるほどに成長《せいちょう》するんですね。

ご家庭《かてい》では、音読《おんどく》の宿題《しゅくだい》でひらがなの「読《よ》み」ができているかどうかが判断《はんだん》できるでしょう。「あまりに読《よ》みの速度《そくど》が遅《おそ》い」、「たどたどしい」、「ぬとね、めとぬなど似《に》ている文字《もじ》を見分《みわ》けられない」、「一文字《ひともじ》ずつ読《よ》み、文章《ぶんしょう》にならない」、「読《よ》み飛《と》ばすことが頻繁《ひんぱん》にある」かどうかなど、注意深《ちゅういぶか》く観察《かんさつ》してみてください。

ひらがなの「書《か》き」は、宿題《しゅくだい》のプリントや連絡帳《れんらくちょう》などを見《み》てください。宿題《しゅくだい》で、絵《え》を見《み》て文《も》字《じ》の空欄《くうらん》を埋《う》める問題《もんだい》があった場合《ばあい》、「すべ□だい」の□には「り」が入《はい》り「すべりだい」に、「ようち□えん」の□には「ち」が入《はい》り「ようちえん」になる、と内容《ないよう》を理解《りかい》できているにもかかわらず、

「り」、「ち」という文字《もじ》がどうしても書《か》けない場合《ばあい》は、文字《もじ》が想起《そうき》できていない可能性《かのうせい》がありま
す。

が、これも1年生《ねんせい》の夏休《なつやす》み前《まえ》までは無理《むり》をさせないほうがいいです。なにができていて、なにができていないのか、焦《あせ》らず様子《ようす》を見《み》てください。

では、夏休《なつやす》みに入《はい》る段階《だんかい》で、まだひらがながすべて書《か》けない場合《ばあい》はどうしたらいいのでしょうか。

夏休《なつやす》みの間《あいだ》に、家《いえ》でひらがなの練習《れんしゅう》をしましょう。

本章《ほんしょう》の最初《さいしょ》に、親《おや》の主導《しゅどう》でトレーニングはしないほうがいいと言《い》いましたが、1年生《ねんせい》の夏休《なつやす》みくらいだとまだ親《おや》から教《おし》えられることを嫌《いや》がらない子《こ》が多《おお》いので大丈夫《だいじょうぶ》です。

まずは普通《ふつう》に、「あいうえお」五十音表《ごじゅうおんひょう》を読《よ》ませてみます。順番《じゅんばん》に音《おと》で覚《おぼ》えている可能性《かのうせい》もありますので、カードを使《つか》って順《じゅん》を入《い》れ替《か》えてランダムに読《よ》ませてみると、確実《かくじつ》に読《よ》めているかが判断《はんだん》できます。

すべて読《よ》めたら、今度《こんど》はあ行《ぎょう》から順番《じゅんばん》に何《なに》も見《み》ないで五十音《ごじゅうおん》をすべて書《か》いてみます。

そのなかで書《か》けない文字《もじ》（書《か》き方《かた》が思《おも》い出《だ》せない文字《もじ》）を毎日練習《まいにちれんしゅう》させて、夏休《なつやす》みが明《あ》けてもまだひらがなの読《よ》み書《か》き（小《ちい》さい「ゃ」「ゅ」「ょ」のつく拗音《ようおん》や、小《ちい》さい「っ」のつく促音以外《そくおんいがい》の五十音《ごじゅうおん》）がマスターできなかった場合《ばあい》、まずは学校《がっこう》の発達支援《はったつしえん》の先生《せんせい》や教育委員会《きょういくいいんかい》などに相談《そうだん》

してみてください。

なんとかして専門家《せんもんか》につながることをおすすめします。

発達性《はったつせい》読《よ》み書《か》き障害《しょうがい》の専門的《せんもんてき》なトレーニングができる医療機関《いりょうきかん》や施設《しせつ》は、全国的《ぜんこくてき》に充実《じゅうじつ》しているとは言《い》えず、近《ちか》くにそうした機関《きかん》がない場合《ばあい》もありますが、ひらがなでつまずくお子《こ》さんのサポートは、学校《がっこう》や家庭《かてい》だけでは難《むずか》しいと思《おも》います。

拗音《ようおん》や促音《そくおん》は、小学《しょうがく》1年生《ねんせい》の夏《なつ》の段階《だんかい》では15%の子《こ》が完璧《かんぺき》にはできるようになっていません。

問題《もんだい》が拗音《ようおん》や促音《そくおん》だけの場合《ばあい》は夏休《なつやす》み以降《いこう》も引《ひ》き続《つづ》き練習《れんしゅう》するとよいと思《おも》います。

小1《しょう》の夏休《なつやす》みが
1番《ばん》大事《だいじ》!!
お子《こ》さんをよく
見《み》ていてあげて
!!

長《なが》い夏休《なつやす》みを通《とお》して、お子《こ》さんと一緒《いっしょ》に字《じ》の練習《れんしゅう》をした保護者《ほごしゃ》の方《かた》は、お子《こ》さんの読《よ》み書《か》きが努力《どりょく》でどうにかなるものではないということが理解《りかい》できたのではないでしょうか。怠《なま》けているのでも、頭《あたま》が悪《わる》いのでもなく、ただ読《よ》み書《か》きだけがとても難《むずか》しい、ということを。

夏休《なつやす》みの間《あいだ》、一緒《いっしょ》に学習《がくしゅう》してもひらがなが習得《しゅうとく》できなかったことは、お子《こ》さん自身《じしん》はもちろん、保護者《ほごしゃ》の方《かた》にとっても苦《くる》しいことでしょう。けれど、そうやってお子《こ》さんと向《む》き合《あ》ったからこそ、お子《こ》さんの状態《じょうたい》を客観的《きゃっかんてき》につかむことができたのです。

わが子《こ》の発達《はったつ》に問題《もんだい》があるかもしれないと認《みと》めるのは、保護者《ほごしゃ》にとって大《おお》きな決断《けつだん》です。発《はっ》達性《たっせい》読《よ》み書《か》き障害《しょうがい》の症状《しょうじょう》がとても重《おも》く、どれだけがんばってもひらがなが読《よ》めないとわかっても、発達《はったつ》について相談《そうだん》すること、専門機関《せんもんきかん》にかかることを保護者《ほごしゃ》が決断《けつだん》するまでには時間《じかん》がかかるのが普通《ふつう》です。

相談《そうだん》までたどり着《つ》けたのは、ご自身《じしん》がお子《こ》さんをしっかり見《み》てあげたからだ、と自信《じしん》を持《も》ってください。

保護者《ほごしゃ》の方《かた》の決断《けつだん》で専門機関《せんもんきかん》につなげられたことが、お子《こ》さんの将来《しょうらい》の選択肢《せんたくし》を増《ふ》やすことにつながるのです。

LD《エルディ》・ディスレクシアセンターに通《かよ》っている子《こ》の多《おお》くは、ひらがなの「読《よ》み」にも問題《もんだい》がある0・2％の子《こ》か、「書字《しょじ》」にも問題《もんだい》のある1・6％の子《こ》です（16ページの表《ひょう》を参照《さんしょう》）。

さまざまな検査《けんさ》を通《とお》して、そうした子《こ》たちの弱《よわ》い能力《のうりょく》、強《つよ》い能力《のうりょく》を調《しら》べ、やる気《き》がある場合《ばあい》は、その子《こ》自身《じしん》の能力《のうりょく》にあったやり方《かた》で、読《よ》み書《か》きのトレーニングをします。専門的《せんもんてき》な知識《ちしき》がないと難《むずか》しいですが、いくつかの条件《じょうけん》を満《み》たしてトレーニングをすれば、ひらがなとカタカナの読《よ》み書《か》きはほとんどの子《こ》が完璧《かんぺき》にできるようになります。

ひらがなの読《よ》み書《か》きができるようになれば、学習《がくしゅう》の可能性《かのうせい》はぐんと広《ひろ》がります。たとえばひらがな入力《にゅうりょく》が可能《かのう》になるのでパソコンやタブレット、電子辞書《でんしじしょ》などの電子機器《でんしきき》で漢字《かんじ》に変換《へんかん》したり、国語辞典《こくごじてん》で単語《たんご》の意味《いみ》を調《しら》べることができるようになります。

ちなみに、ひらがなの読《よ》み書《か》きよりもローマ字《じ》の習得《しゅうとく》は難《むずか》しいので、最初《さいしょ》の段階《だんかい》ではローマ字入力《じにゅうりょく》はおすすめしません。

そして、ひらがな入力《にゅうりょく》は、ひらがなを「読《よ》めている」だけではできません。入力《にゅうりょく》したいひらがなの文字《もじ》の形《かたち》を頭《あたま》の中《なか》で想起《そうき》できてはじめてキーボードからキーを選《えら》べるのです。「ひらがな入力《にゅうりょく》」を実用的《じつようてき》にするには、ひらがなを「書《か》く」力《ちから》が必要《ひつよう》です。今《いま》は音声入力《おんせいにゅうりょく》も精度《せいど》があがっていますが、外出先《がいしゅつさき》などでは声《こえ》に出《だ》すのが難《むずか》しい状況《じょうきょう》もあるでしょう。まずはひらがなの読《よ》み書《か》き習得《しゅうとく》に向《む》けて、専門機関《せんもんきかん》につながることを検討《けんとう》してください。

（4）カタカナの習得《しゅうとく》でつまずいた場合《ばあい》

ひらがなの「読《よ》み」「書《か》き」は小学校《しょうがっこう》の授業《じゅぎょう》で習得《しゅうとく》できたのに、カタカナがどうしてもできるようにならないということがあります。

これには理由《りゆう》があり、カタカナもひらがなや漢字《かんじ》と同《おな》じように小学校《しょうがっこう》で学《まな》びますが、ひらがなほど丁寧《ていねい》に時間《じかん》をかけては教《おし》えません。また、目《め》にする機会《きかい》もひらがなよりも少《すく》ないと思《おも》います。子《こ》どもが目《め》にする絵本《えほん》や教科書《きょうかしょ》を見《み》ても、ひらがなに比《くら》べてカタカナは少《すく》ないですよね。そのぶんだけ、能力差《のうりょくさ》が出《で》やすいのでしょう。

しかし、カタカナは必《かなら》ず、ひらがなができるようになるレベルまでは習得《しゅうとく》できるようになります。ひらがなの「読《よ》み」、「書《か》き」が完璧《かんぺき》にできるのであれば、同《おな》じくらい丁寧《ていねい》にカタカナの学《がく》習《しゅう》に取《と》り組《く》めば、カタカナも完璧《かんぺき》に習得《しゅうとく》できるようになると考《かんが》えられます。

これは、失敗《しっぱい》する経験《けいけん》の多《おお》い子たちに『努力《どりょく》して成功《せいこう》する経験《けいけん》』をさせてあげられるということです。カタカナの次《つぎ》に学《まな》ぶ漢字《かんじ》はひらがなやカタカナほどには簡単《かんたん》に効果《こうか》が出《で》ませんが、カタカナで成功《せいこう》の経験《けいけん》をすると、漢字《かんじ》もがんばればできるだろうと思《おも》えるのではないでしょうか。漢字《かんじ》のトレーニングをがんばるベースにもなると思《おも》います。

また、これはものすごくまれな例《れい》ですが、ひらがなよりカタカナが得意《とくい》で、カタカナは読《よ》み書《か》きできるのに、ひらがなでは書《か》けない字《じ》があるという相談《そうだん》を受《う》けることがあります。

これはほとんどないことで、考《かんが》えられる原因《げんいん》は、ひらがなの習得《しゅうとく》が完璧《かんぺき》でないうちにカタカナを習《なら》いはじめたからではないかということです。

この場合《ばあい》は、もう一度《いちど》ひらがなに戻《もど》って、ひらがなの練習《れんしゅう》をしてください。ひらがなが完璧《かんぺき》に習得《しゅうとく》できれば、どちらも同《おな》じくらい読《よ》み書《か》きできるようになります。

カタカナを学《まな》ぶのは、ひらがなと同《おな》じ小学《しょうがく》1年生《ねんせい》です。2019年時点《ねんじてん》での各社《かくしゃ》の教科書《きょうかしょ》を見《み》ると、夏休《なつやす》みが明《あ》けてからのところが多《おお》いでしょうか。

この章《しょう》の最初《さいしょ》で、保護者《ほごしゃ》はトレーニングをしないほうがいいと言《い》いましたが、このくらいの年齢《ねんれい》であれば、まだ保護者《ほごしゃ》が教《おし》えても親子関係《おやこかんけい》のこじれにはつながりませんし、子《こ》どもも親《おや》の言《い》うことを素直《すなお》に聞《き》く可能性《かのうせい》が高《たか》いです。学校《がっこう》から持《も》ち帰《かえ》ってきたひらがな学習《がくしゅう》の教材《きょうざい》を参考《さんこう》に、家《いえ》でじっくり時間《じかん》をかけてカタカナの学習《がくしゅう》に取《と》り組《く》んでみてください。

カタカナの習得《しゅうとく》は、その後《ご》の漢字《かんじ》の学習《がくしゅう》に大《おお》きく影響《えいきょう》を及《およ》ぼします。

じっくりカタカナの練習《れんしゅう》をした学校《がっこう》があるのですが、その学校《がっこう》の先生方《せんせいがた》も「漢字《かんじ》の入《はい》りがよくなった」と言《い》っていました。カタカナはもともと漢字《かんじ》から派生《はせい》したこともあって、漢字《かんじ》を勉《べん》強《きょう》するベースになるのです。

また、漢字《かんじ》は部分部分《ぶぶんぶぶん》がカタカナに似《に》ている形《かたち》をしていることが多《おお》いので、カタカナを使《つか》って漢字《かんじ》を覚《おぼ》えさせることができるのです。

サンズイはカタカナの「シ」、桜《さくら》のつくりの上《うえ》は「ツ」です。「ツ」と「シ」は間違《まちが》えやすいのですが、カタカナをちゃんと習得《しゅうとく》していたら、有効《ゆうこう》に使《つか》えます。

COLUMN

ひらがなの「読《よ》み」習得《しゅうとく》のための教材《きょうざい》

家《いえ》でひらがなの読《よ》みを練習《れんしゅう》させるといっても、どのように教《おし》えたらいいかわからない。拗音《ようおん》（「キャ」「ニュ」「チョ」など小書《こが》き文字《もじ》の「ヤ」「ユ」「ヨ」をつけて表記《ひょうき》される音《おん》）、促音《そくおん》（「ラッパ」「きって」など小書《こが》き文字《もじ》の「つ」「ツ」をつけて表記《ひょうき》される音《おん》）などすべてのひらがなの読《よ》みができるかをたしかめたいという方《かた》には、ひらがなの読《よ》みの練習《れんしゅう》をするための『多層指導《たそうしどう》モデルＭＩＭ　読《よ》みのアセスメント・指導《しどう》パッケージ』（学研教育《がっけんきょういく》みらい）という教材《きょうざい》があります。

小学校《しょうがっこう》で使《つか》うために作《つく》られた教材《きょうざい》ですので、個人《こじん》で購入《こうにゅう》するにはやや高額《こうがく》ですが、練習用《れんしゅうよう》の単語《たんご》がそろえられているので便利《べんり》かもしれません。

https://gakkokyoiku.gakken.co.jp/tokubetsushien/3100001490-2/

これを使《つか》って練習《れんしゅう》をしてもひらがなが読《よ》めるようにならない場合《ばあい》は、先《さき》にも述《の》べたように専門機関《せんもんきかん》にかかることをおすすめします。

(5)漢字《かんじ》が書《か》けない!と気《き》が付《つ》いたら

LD《エルディ》・ディスレクシアセンターにいらっしゃる保護者《ほごしゃ》からは、「漢字《かんじ》が書《か》けない」という相談《そうだん》がもっとも多《おお》いです。

ひらがなの読《よ》みでは0・2%、カタカナの読《よ》みでは1・4%の出現率《しゅつげんりつ》だった発達性読《はったつせいよ》み書《か》き障害《しょうがい》ですが、漢字《かんじ》の読《よ》みでは6・9%まであがりますので、漢字《かんじ》でつまずく子《こ》が増《ふ》えるのは間違《まちが》いありません。

しかし、お子《こ》さんが「発達性読《はったつせいよ》み書《か》き障害《しょうがい》かもしれない」と気付《きづ》いたら、まずは子《こ》どもの状態《じょうたい》を客観的《きゃっかんてき》に調《しら》べることが大切《たいせつ》です。

「漢字《かんじ》が書《か》けない」とおっしゃる保護者《ほごしゃ》に、「じゃあ漢字《かんじ》の音読《おんどく》はどのくらいできるのですか?」、「ひらがな、カタカナは?」とお聞《き》きすると、はっきり答《こた》えられる方《かた》はほとんどいらっしゃいません。

漢字《かんじ》よりもまずはひらがなを習得《しゅうとく》することが優先《ゆうせん》ですよね。ひらがなの読《よ》み書《か》きができなければ、パソコンやタブレットを使《つか》うときの「ひらがな入力《にゅうりょく》」もできません。

ひらがな、カタカナの習得《しゅうとく》が不十分《ふじゅうぶん》であれば、漢字《かんじ》のトレーニングには入《はい》れません。

ご愛読ありがとうございます。

読者カード

●ご購入作品名

[　　　　　　　　　　　　　　　　　　　　]

●この本をどこでお知りになりましたか？

1. 書店（書店名　　　　　　　　　　　　）　2. 新聞広告
3. ネット広告　4. その他（　　　　　　　　　）

年齢　　歳　　性別　男・女

ご職業　1.学生（大・高・中・小・その他）　2.会社員　3.公務員
4.教員　5.会社経営　6.自営業　7.主婦　8.その他（　　）

●ご意見、ご感想などありましたら、是非お聞かせください。

●ご感想を広告等、書籍のPRに使わせていただいてもよろしいですか？

（実名で可・匿名で可・不可）

●このハガキに記載していただいたあなたの個人情報（住所・氏名・電話番号・メールアドレスなど）宛に、今後ポプラ社がご案内やアンケートのお願いをお送りさせていただいてよろしいでしょうか。なお、ご記入がない場合は「いいえ」と判断させていただきます。

（はい・いいえ）

本ハガキで取得させていただきますお客様の個人情報は、以下のガイドラインに基づいて、厳重に取り扱います。

1. お客様より収集させていただいた個人情報は、よりよい出版物、製品、サービスをつくるために編集の参考にさせていただきます。
2. お客様より収集させていただいた個人情報は、厳重に管理いたします。
3. お客様より収集させていただいた個人情報は、お客様の承諾を得た範囲を超えて使用いたしません。
4. お客様より収集させていただいた個人情報は、お客様の許可なく当社、当社関連会社以外の第三者に開示することはありません。
5. お客様から収集させていただいた情報を統計化した情報（購読者の平均年齢など）を第三者に開示することがあります。
6. はがきは、集計後速やかに断裁し、6か月を超えて保有することはありません。

●ご協力ありがとうございました。

郵便はがき

おそれいりますが切手をおはりください。

1 0 2-8 5 1 9

〈受取人〉

東京都千代田区麹町4－2－6 9F

株式会社 ポプラ社

一般書編集部 行

お名前 （フリガナ）

ご住所 〒 TEL

e-mail

ご記入日 年 月 日

ひらがな、カタカナを読《よ》めていると思《おも》っていても、実《じつ》は「単語《たんご》になっていたら読《よ》めるけれど、一文字《ひともじ》だと読《よ》めない」という場合《ばあい》もあります。これはよくあることで、単語《たんご》は見慣《みな》れているから読《よ》めるけれど、一文字《ひともじ》になると予測《よそく》ができず、読《よ》めないのです。

漢字《かんじ》の読《よ》みについても、「苦《くる》しい」と「若《わか》い」、「太《ふと》い」と「大《おお》きい」は送《おく》り仮名《がな》が違《ちが》いますし、使《つか》われる文脈《ぶんみゃく》が違《ちが》うので読《よ》み間違《まちが》えることはありません。しかし、これが漢字《かんじ》だけ一文字《ひともじ》書《か》かれていると、読《よ》めないということが出《で》てきます。

ICT《アイシーティ》を使《つか》うにはとくにひらがなは一文字《ひともじ》ずつ読《よ》める力《ちから》が必要《ひつよう》ですので、漢字《かんじ》が書《か》けていないと気《き》が付《つ》いたら、漢字《かんじ》の練習《れんしゅう》をする前《まえ》にひらがな、カタカナの復習《ふくしゅう》をしてみてください。どの字《じ》を習得《しゅうとく》できていないのかを見《み》つけ出《だ》して、その字《じ》を徹底的《てっていてき》に練習《れんしゅう》します。

ひらがな、カタカナの読《よ》み書《か》きが完璧《かんぺき》にできるようになって、はじめて「じゃあ漢字《かんじ》をどうしようか」と考《かんが》える段階《だんかい》です。

ひらがなの読《よ》み書《か》きができない場合《ばあい》、積極的《せっきょくてき》に専門機関《せんもんきかん》につながるようにと述《の》べてきました。しかし、実《じつ》は、漢字《かんじ》に関《かん》しては、完璧《かんぺき》にまで書《か》けなくてもいいんじゃないかなというのが僕《ぼく》の正直《しょうじき》な本音《ほんね》です。

実際《じっさい》、大人《おとな》になって、難《むずか》しい漢字《かんじ》を「書《か》けること」はそんなに重要《じゅうよう》ではありません。僕《ぼく》の日常《にちじょう》生活《せいかつ》では、教壇《きょうだん》に立《た》てば板書《ばんしょ》をしたり、手帳《てちょう》に予定《よてい》を書《か》き込《こ》んだりと手書《てが》きをする場面《ばめん》もありますが、それだってＩＣＴ《アイシーティ》を使《つか》って「しなくてすむ状況《じょうきょう》」を作《つく》ることはできます。日常的《にちじょうてき》に頻繁《ひんぱん》に書《か》く可能性《かのうせい》のある文字《もじ》……たとえば自分《じぶん》や家族《かぞく》の名前《なまえ》、住所《じゅうしょ》などが書《か》ければあまり困《こま》りませんよね。

身近《みぢか》な方《かた》の仕事《しごと》を思《おも》い浮《う》かべてみてください。仕事《しごと》で手書《てが》きの文字《もじ》が必須《ひっす》だという人《ひと》のほうが、今《いま》は減《へ》ってきているように思《おも》います。書《か》いてある漢字《かんじ》が読《よ》めて、意味《いみ》がとれて、パソコンやタブレット、スマートフォンなどを使《つか》って文字《もじ》を入力《にゅうりょく》した際《さい》に、正《ただ》しい漢字《かんじ》を選択《せんたく》するなど「使《つか》えるようになっている」のであれば、ほとんどの場面《ばめん》で問題《もんだい》ないのではないでしょうか。

手書《てが》きが必要《ひつよう》な場面《ばめん》でも、漢字《かんじ》を覚《おぼ》えていなければ、手元《てもと》にあるスマートフォンで調《しら》べて写《うつ》せば問題《もんだい》ありません。

「文字《もじ》を想起《そうき》して手書《てが》きする（調《しら》べずに書《か》く）」ことが必要《ひつよう》なのは、とくに受験《じゅけん》の期間《きかん》だと思《おも》います。受験《じゅけん》を乗《の》り越《こ》えるために、ペーパーテストで点数《てんすう》をとるために、苦手《にがて》な漢字《かんじ》の練習《れんしゅう》に貴《き》重《ちょう》な子《こ》どもの時間《じかん》を費《つい》やすことが本当《ほんとう》に良《よ》い選択《せんたく》なのでしょうか。それが、本当《ほんとう》に子《こ》どものためなのか、ほかに学《まな》ぶべきことがあるんじゃないのか……とも思《おも》います。

目先《めさき》のテストで点数《てんすう》をとらせるためじゃなくて、もっと先《さき》を見据《みす》えて、将来《しょうらい》のことを考《かんが》えて指導《しどう》してあげることが大切《たいせつ》なのではないでしょうか。

問題《もんだい》が漢字《かんじ》の書字《しょじ》だけであれば、「ひらがな、カタカナで書《か》けばＯＫ《オーケー》！」と割《わ》り切《き》る考《かんが》え方《かた》もあります。

保護者《ほごしゃ》の方《かた》おひとりおひとり、考《かんが》え方《かた》は違《ちが》うと思《おも》います。苦手《にがて》を克服《こくふく》することも大切《たいせつ》です。しかし、得意《とくい》なこと、楽《たの》しいことに子《こ》ども時代《じだい》の時間《じかん》を使《つか》うことも、子《こ》どもの「生《い》きていく力《ちから》」を育《そだ》てるにあたって重要《じゅうよう》であるという考《かんが》えもあると知《し》っておいていただけるといいなと思《おも》います。LD《エルディ》・ディスレクシアセンターでは、将来《しょうらい》のために……と先《さき》を考《かんが》えてやっています。

経済的《けいざいてき》に余裕《よゆう》があるご家庭《かてい》では、家庭教師《かていきょうし》をつけて、最短《さいたん》の時間《じかん》で最大《さいだい》の点数《てんすう》をとるための対策《たいさく》をとられているところもあります。金銭的《きんせんてき》、時間的《じかんてき》な余裕《よゆう》はご家庭《かてい》によって違《ちが》うので、できることは変《か》わってくると思《おも》います。それは保護者《ほごしゃ》の方《かた》にそれぞれ選択《せんたく》していただくしかありません。

合理的配慮《ごうりてきはいりょ》（126ページ参照）がまだまだ行《い》き届《とど》いていないなか、受験《じゅけん》においてどこまで配慮《はいりょ》してもらえるのかは、学校《がっこう》や地域《ちいき》、あるいは担当者《たんとうしゃ》によってもさまざまですが、法律《ほうりつ》で権利《けんり》は守《まも》られているので、配慮《はいりょ》してもらいましょう。一方《いっぽう》、専門機関《せんもんきかん》に通《かよ》ってトレーニングに取《と》り組《く》む場合《ばあい》は、お子《こ》さんの負担《ふたん》とどこまでトレーニングに時間《じかん》を使《つか》うのかを考《かんが》えながら進《すす》めてください。

(6)漢字《かんじ》が書《か》けるようになりたい！と思《おも》ったら

字《じ》の練習《れんしゅう》は、同じ字《じ》をたくさん書《か》いて形《かたち》を覚《おぼ》えていくという方法《ほうほう》が一般的《いっぱんてき》です。しかし、これまでに何度《なんど》も書《か》いてきたように、発達性読《はったつせいよ》み書《か》き障害《しょうがい》の子《こ》は「書《か》いて覚《おぼ》える」という通常《つうじょう》の練《れん》習《しゅう》では読《よ》み書《か》きを習得《しゅうとく》しにくいのです。

では、どうすれば漢字《かんじ》を書《か》けるようになるのか。

そのトレーニング方法《ほうほう》は、ひとりひとり違《ちが》います。LD《エルディ》・ディスレクシアセンターでは数時間《すうじかん》かけて検査《けんさ》を実施《じっし》し、その子《こ》の特性《とくせい》を調《しら》べ、どういった能力《のうりょく》が弱《よわ》く、どういった能力《のうりょく》が強《つよ》いのかを見極《みきわ》めてからトレーニング方法《ほうほう》を決《き》めます。

さらに、トレーニングをはじめてからも、専門家《せんもんか》が定期的《ていきてき》に進行具合《しんこうぐあい》やトレーニング方法《ほうほう》を確認《かくにん》し、アドバイスを続《つづ》けます。トレーニングがうまくいかない場合《ばあい》には方法《ほうほう》を変《か》えることもあります。

前作《ぜんさく》『うちの子《こ》は字《じ》が書《か》けない』では、フユくんがカードを使《つか》う漢字《かんじ》のトレーニングに取《と》り組《く》む様子《ようす》が描《えが》かれていました。これは、文字《もじ》や単語《たんご》を覚《おぼ》える視覚的《しかくてき》な力《ちから》が弱《よわ》い点《てん》をカバーし、言《げん》語音《ごおん》で覚《おぼ》えるトレーニングで、「視覚認知能力《しかくにんちのうりょく》が弱《よわ》く、音声言語《おんせいげんご》の長期的《ちょうきてき》な記憶力《きおくりょく》の高《たか》い」子《こ》に向《む》く方法《ほうほう》です。

この方法《ほうほう》が向《む》いていると判断《はんだん》をするためには、知能検査《ちのうけんさ》、読《よ》み書《か》きの習得度検査《しゅうとくどけんさ》、読《よ》み書《か》きの習得《しゅうとく》に関係《かんけい》すると考《かんが》えられる認知検査《にんちけんさ》、音声言語《おんせいげんご》の記憶力《きおくりょく》の検査《けんさ》などが必要《ひつよう》です。このうち、読《よ》み書《か》きに関係《かんけい》ある認知検査《にんちけんさ》はおおざっぱに分《わ》けても音韻《おんいん》、視覚認知《しかくにんち》、自動化《じどうか》、語彙《ごい》の４種類《しゅるい》あります。それだけ検査《けんさ》してはじめて、その子《こ》に合《あ》ったトレーニング方法《ほうほう》がわかる場合《ばあい》が多《おお》いです。

本書《ほんしょ》を執筆《しっぴつ》するにあたって、フユくんが行《おこな》っていたトレーニング方法《ほうほう》の説明《せつめい》を入《い》れるかどうか、ぎりぎりまで悩《なや》みました。発達性読《はったつせいよ》み書《か》き障害《しょうがい》のトレーニングができる専門機関《せんもんきかん》はまだ少《すく》なく、どこにでもあるとはいえない状況《じょうきょう》です。そんななか、お子《こ》さんが「がんばって字《じ》が書《か》けるようになりたい」という強《つよ》い気持《きも》ちを持《も》っていたら、保護者《ほごしゃ》としてはなんとかしてあげたいと思《おも》うに違《ちが》いない……と。くわえて、このトレーニングは発達性読《はったつせいよ》み書《か》き障害《しょうがい》の子《こ》のうち、わりと多《おお》くの子《こ》に向《む》いている傾向《けいこう》があります。

しかし、専門機関《せんもんきかん》にかかれない状況《じょうきょう》では、このトレーニングが向《む》いているかどうかを判断《はんだん》するための検査《けんさ》を受《う》けるのも難《むずか》しいでしょう。

次《つぎ》は漢字《かんじ》を書《か》く トレーニングに うつります
がんばりましたね!!
練習方法《れんしゅうほうほう》は ひとりひとり 違《ちが》い
フユくんには フユくんだけの 練習方法《れんしゅうほうほう》が あります
たくさんの 検査《けんさ》をして わかったことが あります
フユくんは 見《み》て覚《おぼ》えるよりも ことばを聴《き》いて 覚《おぼ》える力《ちから》が 高《たか》かったんです
つまり
書《か》いて覚《おぼ》えるより 文章《ぶんしょう》にして口《くち》で 覚《おぼ》える方《ほう》が得意《とくい》 だということです
最初《さいしょ》にひらがなを 音声《おんせい》で覚《おぼ》える練習《れんしゅう》を したのも
フユくんが 音《おと》で覚《おぼ》える力《ちから》が あったから なんですね
!?

『うちの子《こ》は字《じ》が書《か》けない』より抜粋《ばっすい》

検査《けんさ》なしにトレーニングをはじめてしまうと、当然《とうぜん》ながら、この方法《ほうほう》が合《あ》わず、どれだけがんばって取《と》り組《く》んでも効果《こうか》が出《で》ない場合《ばあい》も出《で》てきます。

そうなると、子《こ》どもは努力《どりょく》が実《みの》らない失敗《しっぱい》の経験《けいけん》をまたひとつ重《かさ》ねることになります。発達《はったつ》性《せい》読《よ》み書《か》き障害《しょうがい》のある子《こ》どもは、同《おな》じ字《じ》を何度《なんど》も書《か》かせすぎるなどの不適切《ふてきせつ》な指導《しどう》のもと、たくさんの失敗《しっぱい》を重《かさ》ねてきていることが多《おお》いものです。

そうした子《こ》どものために、保護者《ほごしゃ》がこうして本《ほん》を読《よ》んで勉強《べんきょう》し、これならば…と取《と》り組《く》んだトレーニングでまた失敗《しっぱい》する……それだけでもお子《こ》さんにとっては辛《つら》いことですが、最悪《さいあく》の場《ば》合《あい》は親子関係《おやこかんけい》にも亀裂《きれつ》が入《はい》ってしまいます。

保護者《ほごしゃ》に向《む》けたこの本《ほん》で、トレーニングの方法《ほうほう》を紹介《しょうかい》することは、当事者《とうじしゃ》の子《こ》どもの精神《せいしん》に大《おお》きな傷《きず》を負《お》わせることにもなりかねないと、断念《だんねん》しました。

もしも、子《こ》ども自身《じしん》に「なんとしてでも字《じ》が書《か》けるようになりたい」という強《つよ》い意志《いし》があり、専門機関《せんもんきかん》にかかれる環境《かんきょう》にある場合《ばあい》は、ぜひ専門機関《せんもんきかん》に相談《そうだん》してみてください。

残念《ざんねん》ながら、近《ちか》くに専門機関《せんもんきかん》がなく、検査《けんさ》やトレーニングができない場合《ばあい》、保護者《ほごしゃ》には専門《せんもん》家《か》にかわってトレーニングを行《おこな》うのではなく、お子《こ》さんの現状《げんじょう》を受《う》け入《い》れて、お子《こ》さんがどうしたら勉強《べんきょう》を楽《たの》しむことができるのかを考《かんが》えていただきたいです。

たとえば、オーディオブック(https://audiobook.jp/)というサービスがあります。ナレーターが本《ほん》を読《よ》み上げてくれる、「音《おと》で聞《き》く本《ほん》」です。童話《どうわ》や小説《しょうせつ》も数多《かずおお》くあり、文字《もじ》が読《よ》むのが苦手《にがて》でも物語《ものがたり》を楽《たの》しめます。

歴史《れきし》や語学《ごがく》など、勉強《べんきょう》に役立《やくだ》つ本《ほん》もあるようですが、これには注意《ちゅうい》も必要《ひつよう》です。音声《おんせい》だけで勉強《べんきょう》すると、漢字《かんじ》を目《め》にする機会《きかい》が減《へ》ってしまい、語彙力《ごいりょく》が十分《じゅうぶん》でも漢字《かんじ》が読《よ》めないままということが起《お》こるからです。読《よ》み書《か》きが苦手《にがて》な子《こ》が、将来的《しょうらいてき》にパソコンやタブレットを使用《しよう》して文章《ぶんしょう》を書《か》くには、ひらがなで入力《にゅうりょく》した文字《もじ》を「漢字《かんじ》に変換《へんかん》する」という作業《さぎょう》が必要《ひつよう》になりますので、漢字《かんじ》を日常的《にちじょうてき》に目《め》にしておくことも大切《たいせつ》です。ルビがふってある漢字《かんじ》であれば、漢字《かんじ》を視野《しや》にとらえたまま読《よ》み、意味《いみ》を学《まな》ぶことができるのではないでしょうか。

苦手《にがて》な読《よ》み書《か》きを完全《かんぜん》に避《さ》けるためではなく、読書《どくしょ》や勉強《べんきょう》を楽《たの》しむベース作《づく》り、語彙《ごい》を増《ふ》やすきっかけ作《づく》りとしてこうしたサービスを利用《りよう》すると良《よ》いでしょう。

このほかにも第《だい》3章《しょう》では、実際《じっさい》に全国《ぜんこく》の学校《がっこう》で行《おこな》われている学習《がくしゅう》サポート(合理的配慮《ごうりてきはいりょ》)の例《れい》や、家庭《かてい》でもできる勉強《べんきょう》のサポート方法《ほうほう》について解説《かいせつ》しています。

読《よ》み書《か》きのうち、具体的《ぐたいてき》になにができていて、なにが苦手《にがて》なのかを知《し》るための検査《けんさ》は、「[改《かい》訂版《ていばん》]標準読《ひょうじゅんよ》み書《か》きスクリーニング検査《けんさ》—正確性《せいかくせい》と流暢性《りゅうちょうせい》の評価《ひょうか》—」(インテルナ出版《しゅっぱん》)という検《けん》査《さ》キットを使《つか》えば、僕《ぼく》らのような発達性読《はったつせいよ》み書《か》き障害《しょうがい》の専門家《せんもんか》や言語聴覚士《げんごちょうかくし》でなくとも、学校《がっこう》

『うちの子《こ》は字《じ》が書《か》けない』より抜粋《ばっすい》

の先生《せんせい》や発達《はったつ》支援《しえん》の先生《せんせい》も行《おこな》うことができます。

この検査《けんさ》は、ひらがな、カタカナ、漢字《かんじ》3種類《しゅるい》の表記《ひょうき》の読《よ》み書《か》きについてそれぞれ客観的《きゃっかんてき》に評価《ひょうか》、比較《ひかく》できる今《いま》のところ(2020年《ねん》1月《がつ》現在《げんざい》)唯一《ゆいいつ》の検査《けんさ》で、小学《しょうがく》1年生《ねんせい》から評価《ひょうか》できます。高校生《こうこうせい》までの音読速度《おんどくそくど》を測定《そくてい》できる課題《かだい》があるため、高校入試《こうこうにゅうし》、大学入試《だいがくにゅうし》での試験時間延長《しけんじかんえんちょう》などの支援《しえん》を要望《ようぼう》するための根拠《こんきょ》となる資料《しりょう》にも使《つか》えます。

本人《ほんにん》の苦手《にがて》がどこにあるのかを客観的《きゃっかんてき》に知《し》り、先生《せんせい》や学校《がっこう》と共有《きょうゆう》することは、サポートの方法《ほうほう》をより具体的《ぐたいてき》に考《かんが》えるきっかけにもなるでしょう。発達《はったつ》支援《しえん》の先生《せんせい》であっても、この検査《けんさ》キットの存在《そんざい》を知《し》らない方《かた》はまだまだたくさんいますので、ぜひ相談《そうだん》してみてください。

また、僕《ぼく》はこうした発達性《はったつせい》読《よ》み書《か》き障害《しょうがい》の子《こ》のためのトレーニングができる先生《せんせい》を増《ふ》やそうと、研修《けんしゅう》を行《おこな》っています。お住《す》まいの地域《ちいき》の教育委員会《きょういくいいんかい》に、僕《ぼく》を研修《けんしゅう》に派遣《はけん》してもらえないか相談《そうだん》してみていただけないでしょうか。

発達性《はったつせい》読《よ》み書《か》き障害《しょうがい》に特化《とっか》した教員養成《きょういんようせい》の研修《けんしゅう》には、演習《えんしゅう》や実習《じっしゅう》を含《ふく》めて、25時間《じかん》から30時間《じかん》かかります。半日《はんにち》〜2日間《ふつかかん》の4回《かい》にわたる研修《けんしゅう》を受《う》けていただき、研修《けんしゅう》と研修《けんしゅう》の間《あいだ》の期間《きかん》に講義《こうぎ》の時間《じかん》とは別《べつ》に、実際《じっさい》に検査《けんさ》を実施《じっし》し、データをまとめたり、トレーニングを行《おこな》う実習《じっしゅう》をする課題《かだい》をこなしていただきます。これで、大体《だいたい》20名《めい》から30名中《めいちゅう》、5名《めい》くらいの先生方《せんせいがた》が合格《ごうかく》卒業《そつぎょう》することが多《おお》いです。この合格率《ごうかくりつ》のように、発達性《はったつせい》読《よ》み書《か》き障害《しょうがい》のあるお子《こ》さんのトレーニングは少《すこ》し難《むずか》しいことであるとおわかりいただけると思《おも》います。
もしお住《す》まいの地域《ちいき》で僕《ぼく》が研修《けんしゅう》をさせていただくことができ、お子《こ》さんが通《かよ》っている学校《がっこう》の先生《せんせい》が参加《さんか》し、合格《ごうかく》してくれれば、ある程度《ていど》までのトレーニングをその先生《せんせい》が担当《たんとう》できるようになるかもしれません。残念《ざんねん》ながらお子《こ》さんが在学中《ざいがくちゅう》に間《ま》に合《あ》わなくても、今後《こんご》、発達性読《はったつせいよ》み書《か》き障害《しょうがい》のお子《こ》さんがその学校《がっこう》に入《はい》ってきたときに、適切《てきせつ》なかかわりをしていただける可能性《かのうせい》があります。

読《よ》み書《か》きのトレーニングは、一度《いちど》やれば終《お》わりではなく、長《なが》い期間続《きかんつづ》けなければいけません。そのためLD《エルディ》・ディスレクシアセンターだけでは対応《たいおう》できる人数《にんずう》に限《かぎ》りがあり、常《つね》に新規《しんき》の相談《そうだん》を受《う》け入《い》れられるわけではありません。この状況《じょうきょう》を変《か》えていきたい、変《か》えていなければいけないと思《おも》って活動《かつどう》していますが、僕《ぼく》たちが呼《よ》びかけるだけでは限界《げんかい》があります。

発達性読《はったつせいよ》み書《か》き障害《しょうがい》の出現頻度《しゅつげんひんど》は、どの障害《しょうがい》よりも高《たか》いと言《い》われているにもかかわらず、認知度《にんちど》が低《ひく》く、あまり知《し》られていません。特別支援学級《とくべつしえんがっきゅう》の先生《せんせい》ですら、知《し》らない人《ひと》もいます。

実際《じっさい》に、読《よ》み書《か》きが困難《こんなん》で困《こま》っている子《こ》どもがいて、先生方《せんせいがた》にできることがあるのだと知《し》ってもらうことは、こうした研修《けんしゅう》を受《う》ける大《おお》きなきっかけになり、長期的《ちょうきてき》には発達性読《はったつせいよ》み書《か》き障害《しょうがい》の子《こ》の学《まな》びの環境《かんきょう》を全国的《ぜんこくてき》に向上《こうじょう》させることにつながると期待《きたい》しています。

フユ 高校《こうこう》3年生《ねんせい》
僕《ぼく》もう練習《れんしゅう》は おしまいに しようと思《おも》う
その頃《ころ》のフユは 小《しょう》3程度《ていど》までの 漢字《かんじ》を復習《ふくしゅう》しつつ
漢字《かんじ》の単語練習《たんごれんしゅう》を していた
生意気なやつが 生魚を 意味もなく 気力で食べた
陽気な人が 太陽の光を浴びて 気分良くなる
面白い お面は
わあ…
高校卒業《こうこうそつぎょう》までは テストでは字《じ》を 書《か》かないと いけないけど
合格《ごうかく》した専門学校《せんもんがっこう》は 授業《じゅぎょう》はタブレット 使《つか》うって言《い》ってたし
きっと今《いま》より ずっと楽《らく》になると 思《おも》うんだ
そうだね…!
いままで よく がんばったね…!!!
へへ…
わ〜ん…
自分《じぶん》の意思《いし》で 専門機関卒業《せんもんきかんそつぎょう》を 決《き》めたフユ
今《いま》 「人生《じんせい》で一番楽《いちばんたの》しい!」 と言《い》いながら調理系《ちょうりけい》の 学校《がっこう》に通《かよ》っています

(7)書《か》き順《じゅん》は守《まも》らなくてもいい

漢字《かんじ》の習得《しゅうとく》が「かな」より難《むずか》しいのには少《すく》なくとも2つの理由《りゆう》があります。1つは漢字《かんじ》は読《よ》み方《かた》が複数《ふくすう》あること、もう1つは画数《かくすう》が多《おお》いこと。画数《かくすう》の多《おお》さは、読《よ》みよりも書《か》くほうに大《おお》きな影響《えいきょう》を及《およ》ぼします。

小学校《しょうがっこう》では書《か》き順《じゅん》通《どお》りに書《か》きましょうと習《なら》います。右利《みぎき》きで発達性《はったつせい》読《よ》み書《か》き障害《しょうがい》のないお子《こ》さんであれば、書《か》き順《じゅん》通《どお》りの書《か》き方《かた》をすれば字《じ》がきれいに書《か》けるなどの利点《りてん》もあるのでしょう。しかし、大人《おとな》になれば、その人《ひと》の書《か》いた字《じ》がどのような順序《じゅんじょ》で書《か》かれたものであるかはまったく問題《もんだい》にされません。

発達性《はったつせい》読《よ》み書《か》き障害《しょうがい》のあるお子《こ》さんのなかには左利《ひだりき》きの子《こ》も少《すく》なくありませんし、自閉《じへい》スペクトラム症《しょう》を併存《へいぞん》しているとせっかく形《かたち》を覚《おぼ》えたのに否定《ひてい》され、もうやりたくない……となりかねません。ただでさえ形《かたち》を覚《おぼ》えるのが苦手《にがて》なのに、さらに書《か》き順《じゅん》という負担《ふたん》を増《ふ》やす必要《ひつよう》はないと思《おも》います。教科書《きょうかしょ》に載《の》っている書《か》き順《じゅん》よりも、書《か》きあがった形《かたち》を大切《たいせつ》にしましょう。

学校《がっこう》で訂正《ていせい》されたり、書《か》き順《じゅん》のテストがあったら減点《げんてん》されるかもしれませんが、「そんなことは気《き》にしなくていいんだよ」と声《こえ》をかけてあげてください。

本人《ほんにん》の覚《おぼ》えやすい書《か》き順《じゅん》で覚《おぼ》えればいいのです。

ポイントになるのが、「同《おな》じ書《か》き順《じゅん》」で覚《おぼ》えることです。「正《ただ》しい書《か》き順《じゅん》」は必要《ひつよう》ありませんが、その子《こ》のなかでの「書《か》き順《じゅん》」は決《き》めたほうがいいのです。

これは、手《て》を動《うご》かす「運動《うんどう》の記憶《きおく》」が読《よ》みを促通《そくつう》させるからです。

背中《せなか》に文字《もじ》を書《か》いて、それを当《あ》てるゲームをするとします。知《し》っている書《か》き順通《じゅんどお》りに書《か》かれると、「運動《うんどう》の記憶《きおく》」があるので、動《うご》きですぐにその文字《もじ》がなにかわかります。しかし、知《し》っている書《か》き順《じゅん》と違《ちが》うと、頭《あたま》の中《なか》で背中《せなか》に書《か》かれた線《せん》を一画《いっかく》ずつ視覚的《しかくてき》に再生《さいせい》していって、ようやくわかるので、判別《はんべつ》するまでに時間《じかん》がかかります。

こうした「運動《うんどう》の記憶《きおく》」を身《み》につけるために決《き》まった書《か》き順《じゅん》を守《まも》ることは大切《たいせつ》ですが、決《き》められた右利《みぎき》きの書《か》き順《じゅん》がだれにとっても大切《たいせつ》なわけではありません。

余談《よだん》ですが、この本《ほん》の打《う》ち合《あ》わせで、千葉《ちば》さんと編集者《へんしゅうしゃ》2名《めい》と書《か》き順《じゅん》の話《はなし》になりました。すると全員《ぜんいん》が、漢字《かんじ》だけでなくひらがなの書《か》き順《じゅん》ですら間違《まちが》えて覚《おぼ》えていたり、間違《まちが》っていると知《し》ってはいるが直《なお》していない文字《もじ》があったりすることが判明《はんめい》しました。

書《か》き順《じゅん》というのは、その程度《ていど》のものなのです。

字《じ》の形《かたち》も同様《どうよう》です。書《か》きあがった字《じ》の形《かたち》は、きれいでなくともいいのです。大人《おとな》が読《よ》める字《じ》の形《かたち》になっていれば問題《もんだい》ありません。こんなことを言《い》うと、習字《しゅうじ》の先生《せんせい》には怒《おこ》られるかもしれませんが、書《か》き順同様《じゅんどうよう》、大人《おとな》になれば大《たい》したことではありません。文化庁《ぶんかちょう》も、「字《じ》の細部《さいぶ》に違《ちが》いがあっても、その漢字《かんじ》の骨組《ほねぐ》みが同《おな》じであれば、誤《あやま》っているとはみなされない」という見解《けんかい》を公表《こうひょう》しています。止《と》め、ハネなどを細《こま》かく注意《ちゅうい》する必要《ひつよう》はないのです。

苦手《にがて》な読《よ》み書《か》きをさらに苦手《にがて》にするようなストレスのかかることを避《さ》けるほうが大事《だいじ》だと思《おも》います。

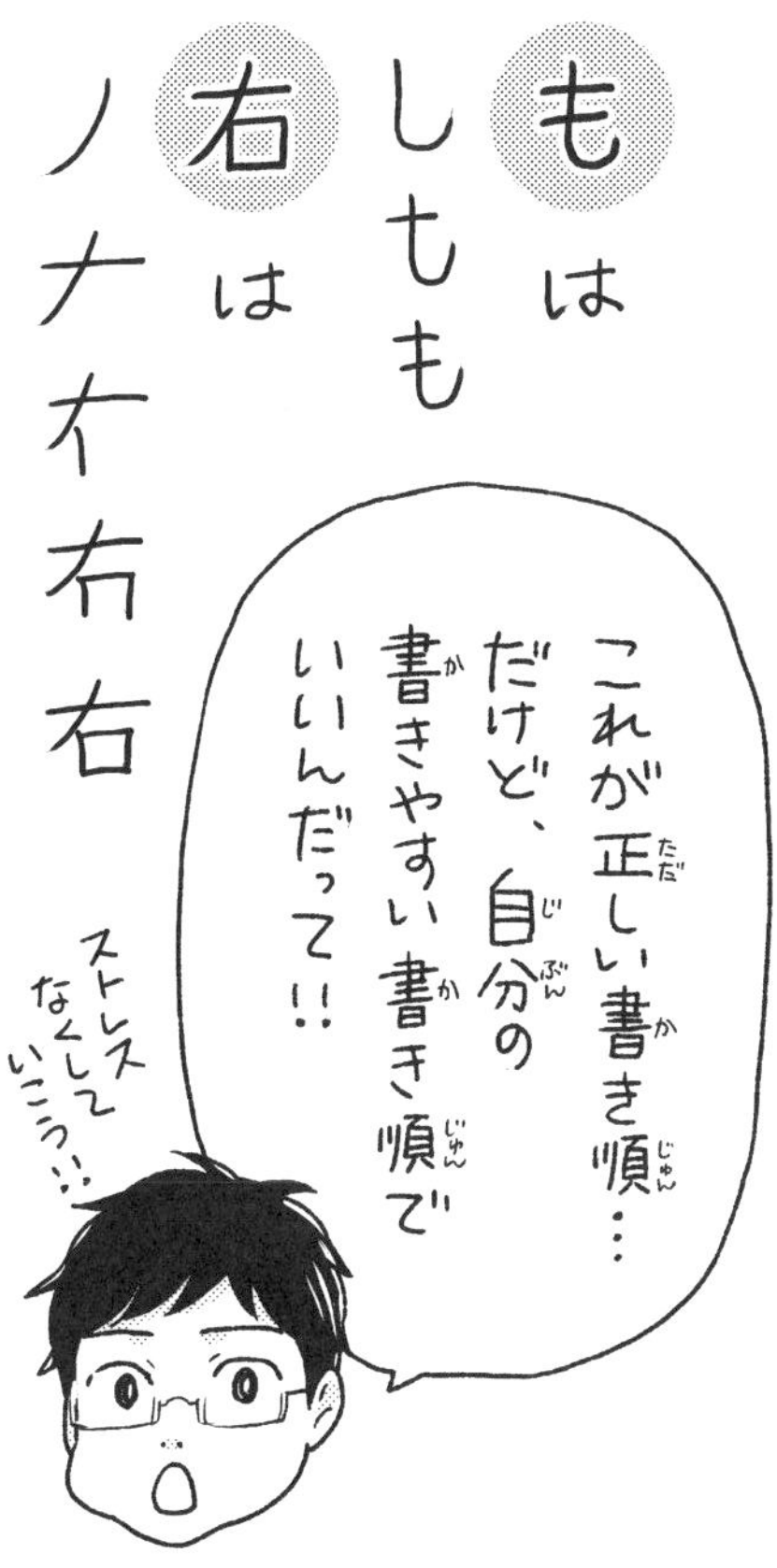
もは
しもも
右は
ノナ　右
これが正《ただ》しい書《か》き順《じゅん》……だけど、自分《じぶん》の書《か》きやすい書《か》き順《じゅん》でいいんだって!!
ストレスなくしていこう!!

（8）英語《えいご》でつまずいた場合《ばあい》

ひらがな、カタカナがそれなりに習得《しゅうとく》できていて、漢字《かんじ》も苦手《にがて》ながらもなんとか学校《がっこう》での授業《じゅぎょう》についていけていたとしても、英語《えいご》が出《で》てくるとまったくついていけなくなるという人《ひと》もいます。英語《えいご》の読《よ》み書《か》きが突出《とっしゅつ》してできないと気《き》が付《つ》いたら、日本語《にほんご》の読《よ》み書《か》きもまず疑《うたが》ったほうがいいでしょう。ひらがな、カタカナは世界《せかい》の言語《げんご》のなかでもっとも……と言《い》えるくらいに習得《しゅうとく》しやすい文字《もじ》ですが、中学校《ちゅうがっこう》の先生《せんせい》に聞《き》くと、「中学生《ちゅうがくせい》でもひらがなが全部《ぜんぶ》は書《か》けない子《こ》はいます」と言《い》います。

「ね」と「わ」を書《か》き間違《まちが》えるのは、ひらがなを完璧《かんぺき》に習得《しゅうとく》できていないからですが、たとえばテストの解答《かいとう》でこれが間違《まちが》っていることがあっても、「急《いそ》いでいて間違《まちが》えたのかな?」と見過《みす》ごされてしまいます。僕《ぼく》たちは急《いそ》いでいてもひらがなを間違《まちが》うことはありませんし、不注意《ふちゅうい》でもほとんど間違《まちが》うことはありませんので見過《みす》ごさないようにしましょう。

こういう状態《じょうたい》で中学校《ちゅうがっこう》まで進《すす》んできたお子《こ》さんは、英語《えいご》でつまずくことになります。発達性読《はったつせいよ》み書《か》き障害《しょうがい》のある人《ひと》にとって、日本語《にほんご》よりも英語《えいご》の読《よ》み書《か》きのほうが難《むずか》しいからです。2020年度《ねんど》から英語《えいご》の科目《かもく》としての授業《じゅぎょう》は、小学《しょうがく》3年生《ねんせい》からはじまります。こうなると、ますますつまずく子《こ》どもは増《ふ》えるでしょう。

さて、ではもしあなたのお子《こ》さんが、日本語《にほんご》の読《よ》み書《か》きでは、ほかの人《ひと》よりも苦労《くろう》しつつも、学校《がっこう》や社会生活《しゃかいせいかつ》において大《おお》きな困難《こんなん》がなく、英語《えいご》でのみどうしようもない困難《こんなん》に直面《ちょくめん》した場合《ばあい》、どういう対応《たいおう》をするでしょうか？

日本《にほん》で生活《せいかつ》するぶんには、英語《えいご》の読《よ》み書《か》きはさほど重要《じゅうよう》ではありませんよね。ただでさえ日《に》本語《ほんご》の読《よ》み書《か》きで苦労《くろう》があるなか、さらにトレーニングに取《と》り組《く》み、英語《えいご》の成績《せいせき》をあげようとしますか？

ナツちゃんの例《れい》では、学校《がっこう》の試験《しけん》では最低限落第《さいていげんらくだい》しないだけの点数《てんすう》がとれればいいとし、あとは日常生活《にちじょうせいかつ》で目《め》にする「ＥＸＩＴ（出口《でぐち》）」、「ＤＡＮＧＥＲ（危険《きけん》）」、「ＳＵＧＡＲ（砂糖《さとう》）」、「ＳＡＬＴ（塩《しお》）」などの単語《たんご》だけを覚《おぼ》えることにしました。

同《おな》じ発達性読《はったつせいよ》み書《か》き障害《しょうがい》でも、なににどれだけ本人《ほんにん》の困《こま》り感《かん》があるのかによって、学《まな》ぶべきこと、サポートすべき内容《ないよう》は変《か》わってきます。苦手《にがて》なことはどんなにトレーニングをしても得《とく》意《い》にはなりません。得意《とくい》な人《ひと》と同《おな》じレベルを求《もと》めることは、本人《ほんにん》も保護者《ほごしゃ》をも苦《くる》しめます。

第《だい》2話《わ》　勉強《べんきょう》ってなんなんだろう？

話《はなし》は少《すこ》し
さかのぼります
ナツが発達性《はったつせい》
読《よ》み書《か》き障害《しょうがい》の
検査《けんさ》を受《う》けたのは
中《ちゅう》3の秋《あき》
高校受験《こうこうじゅけん》を控《ひか》えた
大事《だいじ》な時期《じき》でした
検査前《けんさまえ》
専門機関《せんもんきかん》での
面談《めんだん》で
先生《せんせい》からは
おそらく発達性《はったつせい》
読《よ》み書《か》き障害《しょうがい》で
あろう…と
言《い》われていたけれど
検査結果《けんさけっか》が
出《で》ないことには
動《うご》きようがない
時期《じき》でもありました
…もし
発達性《はったつせい》読《よ》み書《か》き
障害《しょうがい》だったら
私《わたし》は
高校《こうこう》に入《はい》ったら
「障害者差別解消法《しょうがいしゃさべつかいしょうほう》の
合理的配慮《ごうりてきはいりょ》」を
受《う》けたいなあ…

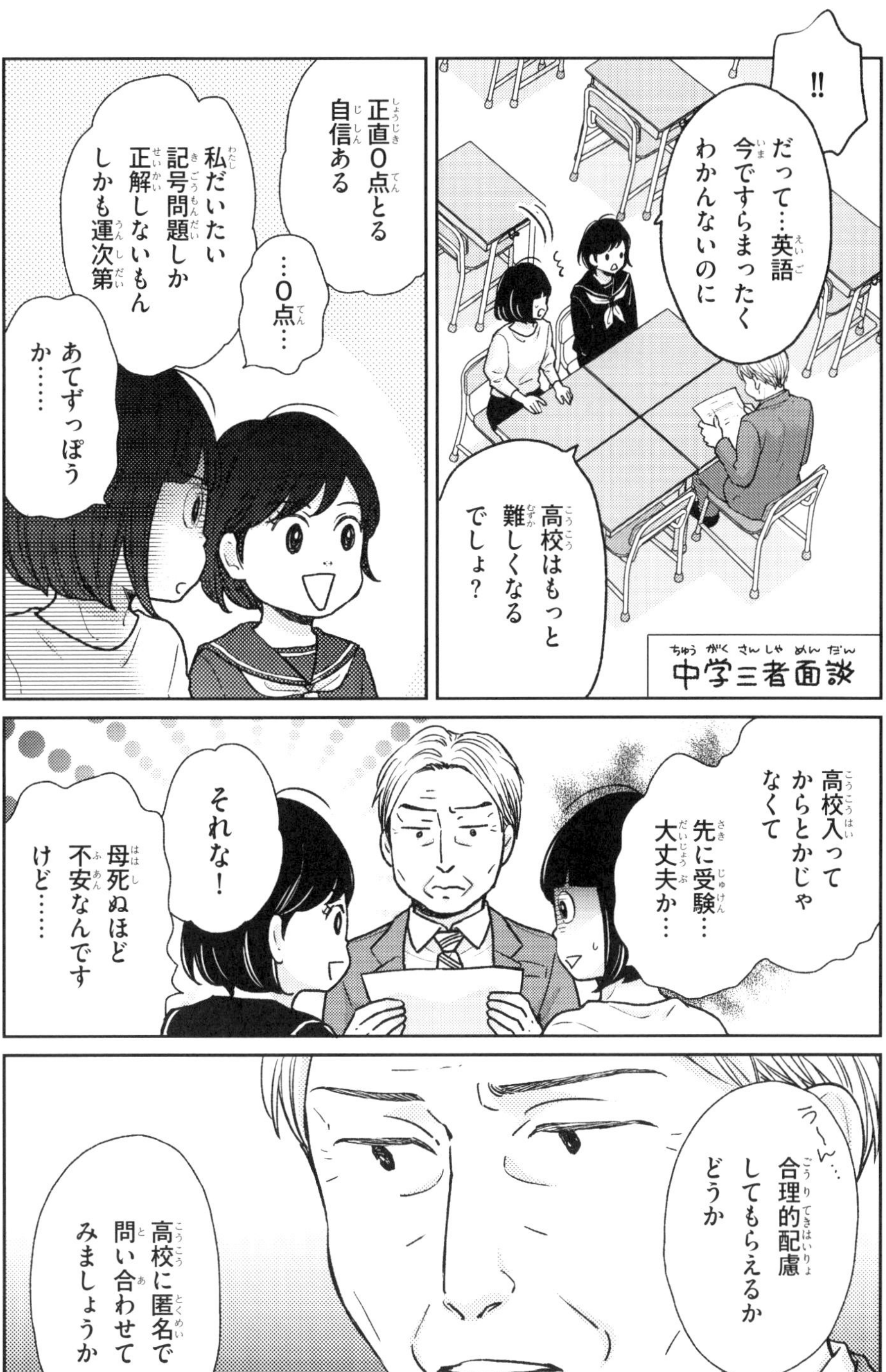
!!
だって…英語《えいご》 今《いま》ですらまったく わかんないのに
高校《こうこう》はもっと 難《むずか》しくなる でしょ？
中学三者面談《ちゅうがくさんしゃめんだん》
正直《しょうじき》0点《てん》とる 自信《じしん》ある
…0点《てん》…
私《わたし》だいたい 記号問題《きごうもんだい》しか 正解《せいかい》しないもん しかも運次第《うんしだい》
あてずっぽう か……
高校《こうこう》入《はい》って からとかじゃ なくて 先《さき》に受験《じゅけん》… 大丈夫《だいじょうぶ》か…
それな！
母《はは》死《し》ぬほど 不安《ふあん》なんです けど……
う〜ん…
合理的配慮《ごうりてきはいりょ》 してもらえるか どうか
高校《こうこう》に匿名《とくめい》で 問《と》い合《あ》わせて みましょうか

…匿名《とくめい》？
別《べつ》に私名前《わたしなまえ》出《だ》してもらって大丈夫《だいじょうぶ》ですよ
いやいや…
？
…今《いま》の時代《じだい》ないとは思《おも》うんですが…
長《なが》いこと教師《きょうし》をやっていると色々《いろいろ》ありまして…
⁇
障害《しょうがい》を理由《りゆう》に入学《にゅうがく》を断《ことわ》られたり
…ということが万《まん》が一《いち》あったら困《こま》るので…
…え
そんなことで差別《さべつ》するような学校《がっこう》だったら
私行《わたしい》きたくないです
まあ…私《わたし》の心配《しんぱい》しすぎだとは思《おも》うんですが
いい
いい
何《なに》かあったら大変《たいへん》なので匿名《とくめい》にさせて下《くだ》さい…
…結果《けっか》として

明確《めいかく》に「合理的配慮《ごうりてきはいりょ》」を行《おこな》ってはいないが
近年保護者《きんねんほごしゃ》からのそういった問《と》い合《あ》わせが増《ふ》えてきているため
学校《がっこう》としても徐々《じょじょ》に体制《たいせい》を整《ととの》えつつある…ということだった
2016年《ねん》4月《がつ》に障害者差別解消法《しょうがいしゃさべつかいしょうほう》が施行《しこう》されて1年半《ねんはん》経《た》った(当時《とうじ》)というのに……
…過渡期《かとき》だ…
まだまだ手探《てさぐ》り状態《じょうたい》…
いったいいつになったらその〝体制《たいせい》〟とやらは整《ととの》うのだろう
わんっ
しかし…ナツ…「私《わたし》は配慮《はいりょ》受《う》けたい」…とは
学校《がっこう》に頼《たの》んでみようか…合理的配慮《ごうりてきはいりょ》

それはいやだ
だってそれって
僕《ぼく》だけ特別扱《とくべつあつか》いしてもらうってことでしょ?
自分《じぶん》だけずるいと思《おも》われたくない
人《ひと》の目《め》が怖《こわ》い
……
そう言《い》っていた兄《あに》…フユ
なんの迷《まよ》いもなく私《わたし》は受《う》けたいと言《い》うナツ
…当《あ》たり前《まえ》だけど
障害《しょうがい》のとらえ方《かた》や考《かんが》え方《かた》は兄妹《きょうだい》でも全然違《ぜんぜんちが》うもんだなあ…
キュ〜
…どちらにしても高校《こうこう》に合格《ごうかく》してからの話《はなし》だ
その頃《ころ》から

ナツは受験《じゅけん》に向《む》けて家庭教師《かていきょうし》の先生《せんせい》に英語《えいご》を見《み》てもらっていた
英単語《えいたんご》がどうしても覚《おぼ》えられないので
そんなことあるんですか!?
あるんです
どうにかして点数《てんすう》をとる方法《ほうほう》を考《かんが》えていただければ…
勉強《べんきょう》を教《おし》えるのではなく点数《てんすう》を稼《かせ》ぐ方法《ほうほう》を教《おし》える…ということですね
うけたまわりました
おまかせ下《くだ》さい
…はい…
第一志望《だいいちしぼう》は美術科《びじゅつか》のある高校《こうこう》
ナツは幼《おさな》い頃《ころ》から絵《え》を描《か》くのが得意《とくい》で中学《ちゅうがく》の部活《ぶかつ》は美術部《びじゅつぶ》
放課後《ほうかご》だけでなく毎朝《まいあさ》6時半《じはん》に家《いえ》を出《で》て授業《じゅぎょう》の前《まえ》にも絵《え》を描《か》いていた
全国《ぜんこく》コンクールで入賞《にゅうしょう》したこともあった
画塾《がじゅく》に通《かよ》って水彩《すいさい》…
デッサンもやってた…
入試《にゅうし》は学科試験《がっかしけん》だけでなく絵《え》の実技試験《じつぎしけん》もあり
ははは
学科《がっか》はともかく実技《じつぎ》は上手《うま》く描《か》けた気《き》がするって…!!
そのおかげか

なんとか
やった〜!!
よかった…
…合格《ごうかく》
そして同時期《どうじき》に検査結果《けんさけっか》も出《で》た
やっぱり私《わたし》も発達性《はったつせい》読《よ》み書《か》き障害《しょうがい》だった〜
明《あか》るいな
読《よ》み書《か》き…とくに英語《えいご》が苦手《にがて》だけれど
あっけらかんとしていて〝できない〟こと〝苦手《にがて》〟なことを
「大変《たいへん》」なこととらえていない
そういうところがいいところでもあるけど……

高校生活《こうこうせいかつ》…
大丈夫《だいじょうぶ》かな…
じっ…
ニコっ
……
明《あか》るい…
…入学後《にゅうがくご》
ナツの希望通《きぼうどお》り
合理的配慮《ごうりてきはいりょ》を
お願《ねが》いしたいと
学校《がっこう》に伝《つた》えた
「合理的配慮《ごうりてきはいりょ》」は
国公立《こっこうりつ》の学校《がっこう》や
役所《やくしょ》では義務《ぎむ》
私立《しりつ》の学校《がっこう》や企業《きぎょう》では
努力義務《どりょくぎむ》になっている
本人《ほんにん》、保護者《ほごしゃ》が
どういう配慮《はいりょ》を
求《もと》めるのか
また、学校側《がっこうがわ》では
どういう配慮《はいりょ》が
できるのか…を
話《はな》し合《あ》って決《き》める

どれだけがんばって覚《おぼ》えても漢字《かんじ》はすぐに忘《わす》れてしまうし英語《えいご》に関《かん》しては単語《たんご》がまったくと言《い》っていいほど読《よ》めないので書《か》くのも覚《おぼ》えるのもできません
カタ
カタ
カタ
できないこと（成績《せいせき》が悪《わる》いこと）に対《たい》して
サボっていると思《おも》われたくない…と本人《ほんにん》は言《い》っております
たとえば試験《しけん》で成績《せいせき》が悪《わる》かったとき
書《か》き取《と》りなどの課題《かだい》はものすごく負担《ふたん》になるので
なにか別《べつ》の課題《かだい》にするなどの配慮《はいりょ》をしていただければ…
そんな風《ふう》にお願《ねが》いした
カタ…

あのねー
合理的配慮《ごうりてきはいりょ》をしてもらうこと
先生《せんせい》たちに迷惑《めいわく》かけて悪《わる》いなって思《おも》う
私《わたし》のためだけに色々《いろいろ》やってもらうの申《もう》し訳《わけ》ないし
…ナツ…
でも…それでもこの学校《がっこう》で絵《え》の勉強《べんきょう》がしたいと思《おも》ったんだよね
ナツは…
本来《ほんらい》なら持《も》たなくていいはずの罪悪感《ざいあくかん》と
人《ひと》と同《おな》じことができないという劣等感《れっとうかん》を全部《ぜんぶ》飲《の》み込《こ》んでいるのだろうか…
理解《りかい》…してもらえるといいねえ…
うん！

しかし入学後《にゅうがくご》…
たびたび
学校《がっこう》から連絡《れんらく》が
ナッ
担任《たんにん》の先生《せんせい》から
電話《でんわ》あったよ
…授業中《じゅぎょうちゅう》
ぼーっとしてて
ノートもとって
ないって
…あー…
ノートとらないと
成績《せいせき》に響《ひび》くってさ
あと
居眠《いねむ》りが
多《おお》いって
…英語《えいご》さー
マジで…
単語《たんご》が何《なに》ひとつ
読《よ》めないから
授業《じゅぎょう》聞《き》いてても
何《なに》言《い》ってんのか
意味不明《いみふめい》で…
…まあ
眠《ねむ》くなるよね…
でも
寝《ね》るな

ノートはねー とれないよね… 英語《えいご》だけじゃ なくてほかも
写《うつ》してる間《あいだ》に 消《け》されちゃったら 気力《きりょく》まで 消《き》えてしまう…
ノートはね… ほんとに写《うつ》すの 大変《たいへん》なんだよ
フユ
僕《ぼく》はナツの 気持《きも》ちわかる
お兄《にい》ちゃん だけだよ～ わかってくれるの
いやでも フユは 居眠《いねむ》りしないし
夜中《よなか》まで 絵《え》描《か》いてるん でしょ もうちょっと 早《はや》く寝《ね》ないと
…うるさいなぁ わかってるよ！
…サボってると 思《おも》われたくない って言《い》ってたけど
居眠《いねむ》りなんか してたら やっぱり人《ひと》からは そう見《み》えちゃうよ！

自分《じぶん》が損《そん》するでしょ！
ぐぐっ…
…反抗期《はんこうき》もあるのだろう
それにナツにはどうしても好《す》きなことにしか集中《しゅうちゅう》できない特性《とくせい》がある
興味《きょうみ》のないことを…しかもやっても意味《いみ》がないとわかっていることをやるのは
きっととても難《むずか》しいのだろう
…でも私《わたし》は
友達《ともだち》に頼《たの》める
え？
ノートとれてないところは友達《ともだち》に貸《か》してもらう
いつも借《か》りてばっかじゃ悪《わる》いから
私《わたし》も友達《ともだち》が困《こま》ってたら助《たす》ける

お兄《にい》ちゃんには難《むずか》しかったことで
私《わたし》にはできることだってあるもん
…そうだね 僕《ぼく》も人《ひと》を頼《たよ》れる勇気《ゆうき》が出《だ》せればいいんだけど…
…お兄《にい》ちゃんだっていつかできるときが来《く》るよ
…黒板《こくばん》を写真《しゃしん》に撮《と》らせてもらえたらいいのにね
写真《しゃしん》を見《み》ながらゆっくり写《うつ》せばまだラクでしょ?
え?
それ…全然《ぜんぜん》ラクじゃないんだけど……
何《なに》言《い》ってんのお母《かあ》さん……
え?

板書《ばんしょ》も写真《しゃしん》もどっちも結局《けっきょく》は文字《もじ》を書《か》くのに必死《ひっし》で内容《ないよう》なんか頭《あたま》に全《まった》く入《はい》らないよ
ノートをとる理由《りゆう》って覚《おぼ》えるためだってみんな言《い》うけど
ああ あ あ…
私《わたし》は書《か》いても覚《おぼ》えられないからノートを提出《ていしゅつ》しなきゃいけない意味《いみ》が本当《ほんとう》にわからない
…わかる…
写真《しゃしん》を撮《と》ってそれを見《み》ながら勉強《べんきょう》すればいいだけの話《はなし》じゃん？
…うん そうだね
…でも ナツとは逆《ぎゃく》で書《か》いた方《ほう》が覚《おぼ》えやすいって人《ひと》もいるだろうし
それはわかってるけど

みんなそれぞれ違《ちが》うんだから
ノートとれる子《こ》は提出《ていしゅつ》すればいいしとれない子《こ》はほかの課題《かだい》をやるとかそういう風《ふう》にしてくれたら助《たす》かるのに……
うん…
たかが「書《か》く」こと「写《うつ》す」ことが
こんなにも疲弊《ひへい》することなのだと
近《ちか》くで見《み》ている親《おや》でさえ驚《おどろ》くのに
きっと学校《がっこう》の先生《せんせい》たちにはなかなか理解《りかい》しづらいだろう

ある日《ひ》
お母《かあ》さ〜ん
うぅ…
新《しん》アニメの放送日時《ほうそうにちじ》がわかんない〜
うん？公式《こうしき》ホームページ見《み》れば？
見《み》てるんだけど〜
…あーほらここ
どこ？
ほら…このON AIRってとこ
…おんえあー
NEWS
INTRODUCTION
STORY
CHARACTER
CAST & STAFF
ON AIR
…読《よ》めなかった？
…うん
放送中《ほうそうちゅう》とか放送《ほうそう》するよって意味《いみ》だな
おん…えあー聞《き》いたことはあるし意味《いみ》もわかる
…そっかじゃあ次《つぎ》からはここ見《み》ればいいから

うーん…
おん
ええ〜
…覚《おぼ》えてられるかな
O《お》、からはじまる…
……
わかんなくなったらあきらめずに端《はし》から全部《ぜんぶ》クリックしていけばいいよ
そっかー
押《お》してるうちに思《おも》い出《だ》すかもよ
…楽《たの》しみにしているアニメの放送時間《ほうそうじかん》も調《しら》べられない
SALT《しお》とSUGAR《さとう》も舐《な》めてみないとわからない
非常出口《ひじょうでぐち》のEXITも…
生活《せいかつ》に必要《ひつよう》な大事《だいじ》なことが英語《えいご》で…漢字《かんじ》で書《か》かれていると
わからない
まあいちいち調《しら》べればいいんだろうけど
現実的《げんじつてき》じゃない……
……

読《よ》めないってことは
書《か》けないってこと
ナツの今《いま》の状態《じょうたい》では
この先《さき》英語《えいご》を習得《しゅうとく》できることはきっと一生《いっしょう》ないだろう
…学校《がっこう》の勉強《べんきょう》は日常生活《にちじょうせいかつ》に直結《ちょっけつ》していないものが多《おお》い
じゃあ…今《いま》やっている「勉強《べんきょう》」って…？
ここの訳《やく》を丸暗記《まるあんき》すれば10点《てん》は取《と》れるよ
うむ
とにかく日本語訳《にほんごやく》だけ覚《おぼ》えよう
勉強《べんきょう》っていったいなんなんだろう

第《だい》3章《しょう》

家庭《かてい》でできる学習《がくしゅう》サポートと学校《がっこう》での支援《しえん》

（1）障害者差別解消法《しょうがいしゃさべつかいしょうほう》と合理的配慮《ごうりてきはいりょ》

２０１６年《ねん》４月《がつ》１日《ついたち》、「障害《しょうがい》を理由《りゆう》とする差別《さべつ》の解消《かいしょう》の推進《すいしん》に関《かん》する法律《ほうりつ》」……通称《つうしょう》・障害者《しょうがいしゃ》差別解消法《さべつかいしょうほう》が施行《しこう》されました。

これは国公立《こっこうりつ》の学校《がっこう》や役所《やくしょ》において、障害《しょうがい》を理由《りゆう》とする不当《ふとう》な差別《さべつ》の禁止《きんし》、そして「合理的《ごうりてき》配慮《はいりょ》」の提供《ていきょう》を義務《ぎむ》とした法律《ほうりつ》です。私立《しりつ》の学校《がっこう》や企業《きぎょう》は努力義務《どりょくぎむ》があるとし、義務《ぎむ》ではありませんが、配慮《はいりょ》するよう努《つと》めなければならないとされています。

合理的配慮《ごうりてきはいりょ》とは、障害《しょうがい》のある人《ひと》からなんらかの対応《たいおう》を必要《ひつよう》としていると伝《つた》えられたときに、負担《ふたん》が重《おも》すぎない範囲《はんい》で対応《たいおう》することです。

ここでいう「障害《しょうがい》のある人《ひと》」というのは、障害者手帳《しょうがいしゃてちょう》を持《も》っている人《ひと》のことではなく、身体障害《しんたいしょうがい》のある人《ひと》、知的障害《ちてきしょうがい》のある人《ひと》、精神障害《せいしんしょうがい》のある人《ひと》、発達性読《はったつせいよ》み書《か》き障害《しょうがい》や自閉《じへい》スペクトラム症《しょう》、ＡＤ《エーディ》／ＨＤ《エイチディ》などの発達障害《はったつしょうがい》のある人《ひと》、また難病《なんびょう》による障害《しょうがい》のある人《ひと》も含《ふく》まれます。

発達性読《はったつせいよ》み書《か》き障害《しょうがい》で読《よ》み書《か》きが苦手《にがて》な子《こ》どもから要望《ようぼう》があれば、国公立《こっこうりつ》の学校《がっこう》では、たとえばテストの問題用紙《もんだいようし》にふりがなをふったり、漢字《かんじ》テスト以外《いがい》の問題《もんだい》にひらがなで解答《かいとう》しても答《こた》えの内容《ないよう》があっていれば点数《てんすう》をつけるなど、その子《こ》の特性《とくせい》にあったサポートをしましょう……という法律《ほうりつ》です。

施行《しこう》から3年《ねん》が経過《けいか》した2019年現在《ねんげんざい》、学校《がっこう》の現状《げんじょう》としてはまだ「過渡期《かとき》」という印象《いんしょう》を受《う》けます。地域《ちいき》によっても温度差《おんどさ》がありますね。入学前《にゅうがくまえ》に入学予定《にゅうがくよてい》の生徒《せいと》に「要望用紙《ようぼうようし》」を配布《はいふ》し、授業《じゅぎょう》や試験《しけん》に関《かん》しての意見《いけん》を求《もと》める学校《がっこう》も出《で》てきています。

保護者《ほごしゃ》や当事者《とうじしゃ》にはある程度浸透《ていどしんとう》しているようで、直接学校側《ちょくせつがっこうがわ》に要望《ようぼう》を提示《ていじ》しても対応《たいおう》してもらえない場合《ばあい》には僕《ぼく》から学校《がっこう》あてに意見書《いけんしょ》を書《か》いてほしいという希望《きぼう》が増《ふ》えました。要望《ようぼう》に対《たい》して、どの程度対応《ていどたいおう》してもらえるかは、学校《がっこう》や担当《たんとう》の先生《せんせい》によって変《か》わってきます。

もしかしたらこれからどんどんこの傾向《けいこう》は強《つよ》くなるのかもしれませんが、今年度《こんねんど》（2019年《ねん》）は去年《きょねん》、一昨年《おととし》よりもどんどん先走《さきばし》りする感《かん》じで、入学前《にゅうがくまえ》や入学直後《にゅうがくちょくご》に保護者《ほごしゃ》が要望《ようぼう》を出《だ》したがるケースが多《おお》く見《み》られました。

これには、僕《ぼく》は少《すこ》し待《ま》つようにお伝《つた》えしています。

まだ入学前《にゅうがくまえ》であれば、4月《がつ》までに校長《こうちょう》が代《か》わることもあるし、担任《たんにん》だって自分《じぶん》のクラスの児《じ》童生徒《どうせいと》をある程度見《ていどみ》て、どういった子《こ》なのかを知《し》らないと、どういうニーズがあるかわかりません。

僕《ぼく》は、目安《めやす》として最初《さいしょ》の定期《ていき》テストあたり、少《すく》なくとも5月《がつ》の連休明《れんきゅうあ》けまでは待《ま》ちましょうと言《い》っています。

合理的配慮《ごうりてきはいりょ》は大事《だいじ》なことですから、保護者《ほごしゃ》の方《かた》が、受《う》けられるなら受《う》けたいから、早《はや》めに打診《だしん》しなきゃ……と焦《あせ》るお気持《きも》ちはよくわかります。しかし、子《こ》どもの状態《じょうたい》を学校側《がっこうがわ》に知《し》ってもらうという時間的《じかんてき》な余裕《よゆう》を持《も》ったほうがいいと思《おも》います。

障害者差別解消法《しょうがいしゃさべつかいしょうほう》が施行《しこう》されてからは、国公立《こっこうりつ》の学校《がっこう》では「配慮《はいりょ》」はしなければならない義務《ぎむ》になりました。これは、そもそも合理的配慮《ごうりてきはいりょ》を必要《ひつよう》とする障害《しょうがい》のある人《ひと》が「いる」のが前提《ぜんてい》の法律《ほうりつ》です。

入学前《にゅうがくまえ》に事前《じぜん》に学校《がっこう》に問《と》い合《あ》わせをしたほうがいいのか、伝《つた》えておいたほうがいいのでは……という質問《しつもん》を受《う》けることもありますが、僕《ぼく》は現状《げんじょう》ではあえて言《い》わなくていいんじゃないかと思《おも》っています。

入学試験《にゅうがくしけん》のときに支援《しえん》してほしければ伝《つた》えなければいけませんが、そうでなければ、現在《げんざい》のところ(2020年《ねん》1月《がつ》)は相手《あいて》(学校《がっこう》、担任《たんにん》)がどれくらいまで理解《りかい》できるのか様子《ようす》を見《み》てから伝《つた》えてもいいんじゃないでしょうか。

（2）「合理的配慮《ごうりてきはいりょ》」への理解《りかい》と必要性《ひつようせい》

法律《ほうりつ》にのっとった「合理的配慮《ごうりてきはいりょ》」のみならず、だれかに配慮《はいりょ》を求《もと》める際《さい》には、相手《あいて》の理解《りかい》が欠《か》かせません。子《こ》どもがなにに困《こま》っていて、どういったサポートを必要《ひつよう》としているのかを正《ただ》しく理解《りかい》していないと、正《ただ》しい支援《しえん》をしてもらうのは難《むずか》しいことです。

小学校《しょうがっこう》の先生《せんせい》はいろんな教科《きょうか》と生活《せいかつ》のすべてを見《み》ています。そうすると、どういう子《こ》か自然《しぜん》に見《み》えてきますし、どう対応《たいおう》しようかと考《かんが》えるきっかけになります。けれど、教科担任制《きょうかたんにんせい》になると、その教科《きょうか》の授業中《じゅぎょうちゅう》しかその子《こ》を見《み》ないから、その子《こ》の特性《とくせい》を理解《りかい》できていない可能性《かのうせい》が高《たか》くなります。

発達性読《はったつせいよ》み書《か》き障害《しょうがい》の子《こ》は、英語《えいご》の読《よ》み書《か》きが日本語以上《にほんごいじょう》に苦手《にがて》ですが、日本語《にほんご》の読《よ》み書《か》きでの苦労《くろう》を知《し》らなければ、「英語《えいご》が嫌《きら》いだから勉強《べんきょう》していないんでしょう?」と思《おも》われることもあるでしょう。

これから小学校《しょうがっこう》も教科担任的《きょうかたんにんてき》になるという話《はなし》もあります。英語《えいご》やプログラミングも入《はい》ってくると先生《せんせい》も対応《たいおう》しきれないでしょうし、教科《きょうか》の特性《とくせい》を考《かんが》えるとそのほうがいいのでしょうが、障害《しょうがい》のあるお子《こ》さんにとっては不安《ふあん》ですよね。

ひとりひとりの状態《じょうたい》について、先生《せんせい》に想像《そうぞう》してもらうのはすごく難《むずか》しいことです。なかには想像力《そうぞうりょく》の弱《よわ》い先生《せんせい》もいます。自分《じぶん》が苦手《にがて》でないと、苦手《にがて》のある子《こ》どもの状態《じょうたい》がわかりにくいんです。それどころか「これが苦手《にがて》だ」と伝《つた》えても「本当《ほんとう》にやってもできないんですか?」、「あの子《こ》の言《い》っていることのどこまでが本当《ほんとう》なんですか?」と聞《き》かれてしまう。ご自分《じぶん》にも苦手《にがて》なことがあるはずですので、その苦手《にがて》さを子《こ》どもに重《かさ》ねて想像《そうぞう》してほしいですね。

僕《ぼく》は、「視力《しりょく》の弱《よわ》い子《こ》の席《せき》を前《まえ》のほうにする」のと「読《よ》めない子《こ》のテキストにルビをふる」のは同《おな》じことだと伝《つた》えています。逆《ぎゃく》に言《い》うと、「読《よ》めない子《こ》のテキストにルビをふることを禁止《きんし》する」のは、「視力《しりょく》の弱《よわ》い子《こ》から眼鏡《めがね》を取《と》り上《あ》げる」のと同《おな》じということです。

生徒《せいと》を「平等《びょうどう》に扱《あつか》いたい」と考《かんが》えるあまりに、こうしたルビをふるなどの行為《こうい》を「特別扱《とくべつあつか》い」だとして、拒否《きょひ》する先生《せんせい》もいます。

しかし、視力《しりょく》の弱《よわ》い生徒《せいと》から「みんなはかけていない」と眼鏡《めがね》を取《と》り上《あ》げ、後《うし》ろのほうの席《せき》になってもそのままにする先生《せんせい》がいるでしょうか?

喘息持《ぜんそくも》ちの生徒《せいと》に、「みんなと同《おな》じようにマラソンを走《はし》りなさい」と強要《きょうよう》する先生《せんせい》がいるでしょうか?

昔《むかし》ならありえたかもしれませんが、今《いま》ではそんなことは考《かんが》えられませんよね。これでは、先生《せんせい》からのパワハラ、いじめです。

『うちの子《こ》は字《じ》が書《か》けない』より抜粋《ばっすい》

「みんなに平等《びょうどう》にしたいからあなたを特別扱《とくべつあつか》いはしない」というのは悪平等《あくびょうどう》と言《い》わざるをえません。

社会科《しゃかいか》などで、生徒《せいと》たちに「ここからここまで調《しら》べてきてね」と範囲《はんい》を割《わ》り振《ふ》って、調《しら》べてきたことを板書《ばんしょ》して発表《はっぴょう》させる……という授業《じゅぎょう》をすることがあります。

「文字《もじ》を書《か》く」ことが難《むずか》しい子《こ》は、書《か》き写《うつ》すときに文字《もじ》を飛《と》ばしたり写《うつ》し間違《まちが》えたりすることがあります。読《よ》みに問題《もんだい》がなければ、行《ぎょう》を飛《と》ばしたりはしないはずなのですが、書《か》くことに集中《しゅうちゅう》するあまり、文章《ぶんしょう》の意味《いみ》を把握《はあく》する余裕《よゆう》がなく、飛《と》ばしたり間違《まちが》えたりしてしまうのです。

説明《せつめい》しながら「板書《ばんしょ》をする」のは、どれほど難《むずか》しいことでしょうか。

僕《ぼく》も外国《がいこく》から来《き》た研究者《けんきゅうしゃ》を助手席《じょしゅせき》に乗《の》せて、へたな英語《えいご》で会話《かいわ》をしながら運転《うんてん》をしていたら、道《みち》を間違《まちが》えたり、ナビのお姉《ねえ》さんの声《こえ》を聞《き》き逃《のが》したりしてしまいます。

先生《せんせい》にとっては「説明《せつめい》する」ことも「書《か》く」ことも難《なん》なくできることなので、想像《そうぞう》が難《むずか》しいでしょうが、苦手《にがて》なこととほかのことを並行《へいこう》して行《おこな》うと考《かんが》えれば、その負担《ふたん》がどれほどのものか少《すこ》しは伝《つた》わると思《おも》います。

こうした調《しら》べたことを発表《はっぴょう》するやり方《かた》は、授業《じゅぎょう》としては悪《わる》くない方法《ほうほう》だと思《おも》いますが、同《おな》じことを発達性読《はったつせいよ》み書《か》き障害《しょうがい》の子《こ》にもさせるというのは問題《もんだい》です。

文字《もじ》を書《か》くのが苦手《にがて》な子《こ》には、家《いえ》で模造紙《もぞうし》に書《か》いてきて、それを黒板《こくばん》に貼《は》って説明《せつめい》するなど臨機応変《りんきおうへん》な対応《たいおう》が必要《ひつよう》です。模造紙《もぞうし》に書《か》く際《さい》にも、保護者《ほごしゃ》に手伝《てつだ》ってもらったり、パソコンを利用《りよう》するなど、負担《ふたん》を軽《かる》くする方法《ほうほう》を禁止《きんし》しないでいただきたいと思《おも》います。

一度《いちど》、当事者《とうじしゃ》の生徒《せいと》からの要望《ようぼう》があり、こうした授業《じゅぎょう》をしている先生《せんせい》に「模造紙《もぞうし》に書《か》いてきてもいいですか?」とかけあったことがあるのですが、「みんなと同《おな》じように板書《ばんしょ》しないとダメだ」と言《い》われてしまいました。その子《こ》は、それがきっかけで不登校《ふとうこう》になってしまいました。

合理的配慮《ごうりてきはいりょ》は、苦手《にがて》なことのある子《こ》を特別扱《とくべつあつか》いする法律《ほうりつ》ではありません。苦手《にがて》なことのある子《こ》がみんなと同《おな》じように学《まな》べるような環境《かんきょう》を整《ととの》えるための法律《ほうりつ》です。

学校《がっこう》、先生《せんせい》に配慮《はいりょ》を求《もと》める際《さい》には、こうしたことを理解《りかい》してもらう必要《ひつよう》があります。

(3)全国《ぜんこく》の学校《がっこう》で行《おこな》われている「合理的配慮《ごうりてきはいりょ》」の例《れい》〈通常《つうじょう》の授業《じゅぎょう》での支援《しえん》〉

発達性読《はったつせいよ》み書《か》き障害《しょうがい》の子《こ》にとって、大《おお》きな負担《ふたん》となるのが「書《か》くこと」です。

先生《せんせい》が板書《ばんしょ》した文字列《もじれつ》を「写《うつ》して、書《か》く」ことはとくに難《むずか》しいことです。文字列《もじれつ》を写《うつ》すと言《い》いましたが、僕《ぼく》たちは本当《ほんとう》はただ図形《ずけい》として文字《もじ》を写《うつ》しているわけではなく、文字列《もじれつ》を頭《あたま》の中《なか》で読《よ》んで(音《おと》にして)、それを書《か》きとっているのです。これをなくすことができればかなりの負担《ふたん》軽減《けいげん》になります。

「板書《ばんしょ》の書《か》き写《うつ》しをなくす」……これを実践《じっせん》している高校《こうこう》が千葉県《ちばけん》にあります。

先生《せんせい》が板書《ばんしょ》した黒板《こくばん》を「さあどうぞみんな写真《しゃしん》とってー」とスマートフォンやタブレットで一斉《いっせい》に撮影《さつえい》させるのです。

全国《ぜんこく》でこういった取《と》り組《く》みをしている学校《がっこう》がどのくらいあるのかは定《さだ》かではありませんが、高校生《こうこうせい》のほとんどが自分《じぶん》のスマートフォンを持《も》っている現在《げんざい》、こうした取《と》り組《く》みをする学校《がっこう》が増《ふ》えてもいいのではないかと思《おも》います。

ほかにも、こうした例《れい》を聞《き》いたことがあります。

・独自《どくじ》のノートを作《つく》って配布《はいふ》する。

・基本的《きほんてき》にノートは使《つか》わず、穴埋《あなう》めプリントを配布《はいふ》し、必要《ひつよう》なところだけ書《か》き込《こ》ませる。
・発達性《はったつせい》読《よ》み書《か》き障害《しょうがい》の子《こ》も含《ふく》めて全員《ぜんいん》に板書《ばんしょ》された文字列《もじれつ》を写《うつ》させるけれど、そもそも写《うつ》させる量《りょう》を少《すく》なくする。

学校全体《がっこうぜんたい》で取《と》り組《く》んでいる場合《ばあい》はすべての教科《きょうか》で、先生単位《せんせいたんい》で取《と》り組《く》んでいる場合《ばあい》はその先生《せんせい》の担当《たんとう》のクラス（教科《きょうか》）でのみの対応《たいおう》になります。

寺子屋《てらこや》の時代《じだい》のように教科書《きょうかしょ》がなければ、先生《せんせい》の板書《ばんしょ》を書《か》き写《うつ》させるのは大事《だいじ》だったと思《おも》います。しかし、ひとり1冊教科書《さつきょうかしょ》のある現代《げんだい》で、板書《ばんしょ》された文字列《もじれつ》をノートに写《うつ》させることは必要《ひつよう》なのでしょうか？　授業《じゅぎょう》の内容《ないよう》を理解《りかい》させたいならほかの方法《ほうほう》もありますよね？

いろんな方《かた》に「板書《ばんしょ》した文字列《もじれつ》をノートに写《うつ》させるのは何故《なぜ》なのか？」という質問《しつもん》をするのですが、僕《ぼく》が納得《なっとく》できる答《こた》えはまだいただいたことがありません。

書《か》くことに困難《こんなん》がある場合《ばあい》は、書《か》くことにものすごい集中力《しゅうちゅうりょく》、努力《どりょく》を要《よう》するため、書《か》いている内容《ないよう》は頭《あたま》に入《はい》りにくいのです。ノートをとっていても文字列《もじれつ》をただ写《うつ》しているだけで、必《かなら》ずしも授業内容《じゅぎょうないよう》の理解《りかい》を深《ふか》めているわけではありません。また、子《こ》どもたちに板書《ばんしょ》をさせている時間《じかん》に、補足《ほそく》の説明《せつめい》をする先生《せんせい》もいますが、その内容《ないよう》は、ほとんど頭《あたま》に入《はい》らないでしょう。

先生《せんせい》からは「ノートもとらずにボーッとしている」と見《み》えるかもしれませんが、話《はなし》を聞《き》くためにはノートがとれない……というのが真実《しんじつ》です。

先生《せんせい》がよく言《い》う「ノートとりながらでいいから聞《き》いてて～」…あれ無理《むり》むちゃくちゃ難《むずか》しい…
…わかる！
ノートとるときは字《じ》を書《か》くことに集中《しゅうちゅう》してるから先生《せんせい》の話《はなし》なんか頭《あたま》に入《はい》らないし…逆《ぎゃく》もしかり…
わかる!!
わかってくれるのおにいちゃんだけだよ～っ
ただでさえ間違《まちが》えないように書《か》き写《うつ》さないといけないって思《おも》って必死《ひっし》なのに先生《せんせい》の話《はなし》を聞《き》きながら～とかそんな高等《こうとう》技術《ぎじゅつ》できるわけがない
無理《むり》やりやったとしても絶対《ぜったい》に1文《ぶん》抜《ぬ》けてたり話《はなし》の内容《ないよう》を覚《おぼ》えてないあと途中《とちゅう》で板書《ばんしょ》消《け》されたりするともう書《か》く気力《きりょく》がなくなっちゃう
…わかりすぎる…
ううう…
みんなが簡単《かんたん》にできることが僕《ぼく》たちには本当《ほんとう》に難《むずか》しいことなんだー！

（4）全国《ぜんこく》の学校《がっこう》で行《おこな》われている「合理的配慮《ごうりてきはいりょ》」の例《れい》〈テストでの支援《しえん》〉

家庭《かてい》から学校《がっこう》への要望《ようぼう》としていちばん多《おお》いのが、「テスト問題《もんだい》の漢字《かんじ》にルビをふってほしい」というものです。

市販《しはん》のテスト用紙《ようし》には大抵《たいてい》、漢字《かんじ》にルビがふってある版《はん》があります。そのため、こうした業者《ぎょうしゃ》が作《つく》ったテスト用紙《ようし》を使《つか》っている場合《ばあい》は、「読《よ》み」に関《かん》しては問題《もんだい》ありません。積極的《せっきょくてき》にこうした市販《しはん》のテスト用紙《ようし》を使《つか》うことも配慮《はいりょ》になります。

対応《たいおう》が難《むずか》しいのは、学校《がっこう》が作《つく》ったテストの場合《ばあい》です。テスト問題《もんだい》にルビをふってほしいと要望《ようぼう》を出《だ》したときに、それは大変手間《たいへんてま》がかかることなので勘弁《かんべん》してくれと言《い》われたことがあります。

公立《こうりつ》の学校《がっこう》だったので、これは厳《きび》しく言《い》うと法律違反《ほうりついはん》なのではないかと思《おも》ったのですが、校長先生《こうちょうせんせい》からは、働《はたら》き方改革《かたかいかく》で、これ以上教員《いじょうきょういん》の負担《ふたん》を重《おも》くしたくないから……と言《い》われてしまいました。合理的配慮《ごうりてきはいりょ》は「負担《ふたん》が重《おも》すぎない範囲《はんい》での配慮《はいりょ》の義務《ぎむ》」なので、こう言《い》われてしまうと、これ以上強《いじょうつよ》く要求《ようきゅう》するのは難《むずか》しい。教員《きょういん》の負担《ふたん》を考慮《こうりょ》した結果《けっか》、子《こ》どもに負担《ふたん》がかかる状《じょう》態《たい》を許《ゆる》してしまうのは……なんとかならないのでしょうか。
今《いま》は、「教員《きょういん》にとってそれが普通《ふつう》の仕事《しごと》なんだ」と思《おも》ってもらえるまでの過渡期《かとき》だと思《おも》います。市販《しはん》のテスト用紙《ようし》を使《つか》わずに自作《じさく》している熱心《ねっしん》な先生《せんせい》なのに、あと一歩《いっぽ》の配慮《はいりょ》が及《およ》ばないのは残念《ざんねん》なことです。

市販《しはん》のテストを使《つか》えば、子《こ》どもの負担《ふたん》は軽《かる》くできるのに……、そこには先生《せんせい》なりのこだわりや信念《しんねん》があるのでしょうね。

その子《こ》が読《よ》めない漢字《かんじ》がわかれば、そこだけルビをふるという対応《たいおう》もできるけれど、それがわからないから難《むずか》しいですね。たしかめるということは、試験前《しけんまえ》に試験問題《しけんもんだい》を見《み》せることになってしまいます。

一方《いっぽう》、先生《せんせい》のなかには、何十年《なんじゅうねん》も前《まえ》から自作《じさく》のテスト問題《もんだい》の漢字《かんじ》にルビをふり続《つづ》けている先生《せんせい》もいるそうです。まだ「発達性読《はったつせいよ》み書《か》き障害《しょうがい》」という言葉《ことば》もない頃《ころ》から、「読《よ》み書《か》きが苦手《にがて》な子《こ》が一定数《いっていすう》いる」と感《かん》じ取《と》り、自発的《じはつてき》にそうしていたそうです。

解答《かいとう》に関《かん》しては、国語《こくご》の「漢字《かんじ》の書《か》き」以外《いがい》の問題《もんだい》では、漢字《かんじ》ではなくひらがなで解答《かいとう》しても、内容《ないよう》があっていれば点数《てんすう》をつけるという対応《たいおう》があります。「書《か》けたかどうか」ではなく、「内容《ないよう》を理解《りかい》しているかどうか」という理解度《りかいど》で評価《ひょうか》するということです。

「遺伝《いでん》」や「墾田永年私財法《こんでんえいねんしざいのほう》」が漢字《かんじ》で書《か》けなくても、ひらがなで「いでん」、「こんでんえいねんしざいのほう」と書《か》ければマルにします。大人《おとな》になったときに、これらの内容《ないよう》が理解《りかい》できていてタイピング、漢字《かんじ》への変換《へんかん》・選択《せんたく》ができれば、手書《てが》きで漢字《かんじ》が思《おも》い出《だ》せなくても困《こま》ることはありません。

茨城県《いばらきけん》のとある市《し》の公立中学校《こうりつちゅうがっこう》では、すでに全校《ぜんこう》で、内容的《ないようてき》に正《ただ》しく書《か》けていたら、漢字《かんじ》で書《か》けなくてもマルがもらえるようになっています。

口述試験《こうじゅつしけん》を導入《どうにゅう》するという方法《ほうほう》もあるのですが、これにはその分人員《ぶんじんいん》を増《ふ》やさなければいけないという負担《ふたん》があります。全国的《ぜんこくてき》に、すべての学校《がっこう》で定期試験《ていきしけん》において口述試験《こうじゅつしけん》を導入《どうにゅう》、実《じっ》施《し》するというのは、現実的《げんじつてき》ではないかもしれませんね。

通常《つうじょう》の授業内《じゅぎょうない》で行《おこな》う小《しょう》テストでの配慮《はいりょ》は、融通《ゆうずう》してもらえる例《れい》が多《おお》いです。テスト問題《もんだい》にルビをふったり、「漢字《かんじ》の書《か》き」の小《しょう》テストで、普通《ふつう》は10点中《てんちゅう》7点以上《てんいじょう》が合格点《ごうかくてん》だとした場合《ばあい》、読《よ》み書《か》きが苦手《にがて》な子《こ》だけ5点《てん》に設定《せってい》する……などです。

問題数《もんだいすう》を減《へ》らしてもらった例《れい》もあります。ただこれは、中間《ちゅうかん》・期末《きまつ》などの定期試験《ていきしけん》では対応《たいおう》が難《むずか》しいようです。

障害者差別《しょうがいしゃさべつ》解消法《かいしょうほう》という素晴《すば》らしい法律《ほうりつ》ができたよね…けど
今《いま》はまだそれを運用《うんよう》する体制《たいせい》が整《ととの》ってないと実感《じっかん》してる
学校《がっこう》や自治体《じちたい》によって対応《たいおう》が全《まった》く違《ちが》うしね…
サポートが必要《ひつよう》なのに「お願《ねが》いをしてやってもらう」ことの後《うし》ろめたさで声《こえ》を上《あ》げられない人《ひと》が
いったいどれくらいいるのか考《かんが》えると胸《むね》が痛《いた》くなる
だからこそ
お母《かあ》さんはやっぱり
法律《ほうりつ》を頼《たよ》りにしたい

『うちの子《こ》は字《じ》が書《か》けない』より抜粋《ばっすい》

（5）全国《ぜんこく》の学校《がっこう》で行《おこな》われている「合理的配慮《ごうりてきはいりょ》」の例《れい》〈受験《じゅけん》での支援《しえん》〉

大学入試《だいがくにゅうし》センター試験《しけん》では、発達性読《はったつせいよ》み書《か》き障害《しょうがい》の場合《ばあい》、医師《いし》の診断書《しんだんしょ》と高校《こうこう》での支援実績《しえんじっせき》があれば、受験時間《じゅけんじかん》を1・3倍《ばい》に延長《えんちょう》するという支援策《しえんさく》が実施《じっし》されています。

試験時間《しけんじかん》の延長《えんちょう》は、点字解答《てんじかいとう》の場合《ばあい》は1・5倍《ばい》まで認《みと》められていますが、これを2倍《ばい》、3倍《ばい》にするというのは難《むずか》しいでしょう。

センター試験《しけん》のある委員《いいん》と話《はな》した際《さい》に、試験時間《しけんじかん》の延長《えんちょう》には限度《げんど》があるので、問題数《もんだいすう》を減《へ》らすという対応《たいおう》をしてもいいのでは？　と提案《ていあん》したところ、それは思《おも》い付《つ》きもしなかったとおっしゃっていました。

支援《しえん》、配慮《はいりょ》の仕方《しかた》はいろいろあります。センター試験《しけん》は2020年《ねん》1月《がつ》の実施《じっし》を最後《さいご》に、翌年《よくねん》からは大学入学共通《だいがくにゅうがくきょうつう》テストに変《か》わりますが、現時点《げんじてん》で導入《どうにゅう》されている支援《しえん》を引《ひ》き継《つ》ぐだけでなく、関係者《かんけいしゃ》にはぜひ柔軟《じゅうなん》に考《かんが》えて、対応《たいおう》していただきたいです。

試験時間延長《しけんじかんえんちょう》の対応《たいおう》は、都立高校《とりつこうこう》などではごく普通《ふつう》にやってくれているという印象《いんしょう》です。また、芸能人《げいのうじん》が多《おお》く通《かよ》うある学校《がっこう》なども柔軟《じゅうなん》に対応《たいおう》してくれるそうです。学力《がくりょく》だけではない、ほかの部分《ぶぶん》を重視《じゅうし》していることがうかがえますね。

２００９年《ねん》に実施《じっし》された茨城県《いばらきけん》のとある県立高校《けんりつこうこう》の入試《にゅうし》では、要望《ようぼう》に対応《たいおう》して、漢字《かんじ》ではなくひらがな、カタカナで解答《かいとう》しても内容《ないよう》があっていれば点数《てんすう》をつけました。

東京近郊《とうきょうきんこう》のある県《けん》の中学校《ちゅうがっこう》の統一試験《とういつしけん》では、試験時間《しけんじかん》の延長《えんちょう》、別室受験《べっしつじゅけん》、問題文《もんだいぶん》にふりがな……という要望《ようぼう》を県《けん》に出《だ》したところ、その県《けん》のすべての学校《がっこう》でその通《とお》りにやってくれたという例《れい》もあります。

その反面《はんめん》、つい最近《さいきん》、関東《かんとう》のある私立学校受験《しりつがっこうじゅけん》で、単願《たんがん》での事前《じぜん》の面接《めんせつ》で、入試《にゅうし》での配慮《はいりょ》はできないし、入学後《にゅうがくご》も支援《しえん》できないし、今《いま》までに経験《けいけん》もないと言《い》われたという残念《ざんねん》な出来事《できごと》がありました。東京都内《とうきょうとない》のある中学校《ちゅうがっこう》では、校長《こうちょう》から引《ひ》っ越《こ》しをすすめられたと保護者《ほごしゃ》から相談《そうだん》を受《う》けました。その中学校《ちゅうがっこう》は、合理的配慮《ごうりてきはいりょ》を拒否《きょひ》したとも考《かんが》えられます。

必要《ひつよう》な配慮《はいりょ》は、その子《こ》の症状《しょうじょう》によってそれぞれですので、全体《ぜんたい》で「こうしましょう」という指《し》導《どう》はなかなかできません。しかし、支援《しえん》の実例《じつれい》を増《ふ》やしていくことで、全体的《ぜんたいてき》な傾向《けいこう》が変《か》わることは考《かんが》えられます。

いい例《れい》がたくさん増《ふ》えて、ひとりひとりが実力《じつりょく》をしっかり発揮《はっき》でき、正《ただ》しい評価《ひょうか》をされる受《じゅ》験体制《けんたいせい》が整《ととの》っていくことを願《ねが》ってやみません。

（6）学校《がっこう》に要望《ようぼう》を出《だ》す際《さい》に心《こころ》がけたいこと

いちばん大切《たいせつ》なのは、子《こ》ども自身《じしん》が学校《がっこう》での合理的配慮《ごうりてきはいりょ》を望《のぞ》んでいるかどうか、「子《こ》ども本《ほん》人《にん》の気持《きも》ち」です。

学校《がっこう》へ要望《ようぼう》を出《だ》す前《まえ》に、お子《こ》さんの気持《きも》ちを確認《かくにん》してください。

合理的配慮《ごうりてきはいりょ》は特別扱《とくべつあつか》いではないと言《い》いましたが、子《こ》ども自身《じしん》がそれを納得《なっとく》できているかどうかはまた別《べつ》の問題《もんだい》です。

「特別扱《とくべつあつか》いされたくない子《こ》」にとって、親《おや》が先走《さきばし》って学校《がっこう》に要望《ようぼう》を出《だ》すのは危険《きけん》です。小学生《しょうがくせい》以上《いじょう》であれば自分《じぶん》の意見《いけん》はしっかりあるので、丁寧《ていねい》にすくい上《あ》げてあげるように心《こころ》がけてください。合理的配慮《ごうりてきはいりょ》は、子《こ》どもと保護者《ほごしゃ》と学校《がっこう》の話《はな》し合《あ》いで決《き》まります。

もしも、子《こ》ども自身《じしん》が学校《がっこう》に合理的配慮《ごうりてきはいりょ》を求《もと》めること、ほかの子《こ》と違《ちが》う対応《たいおう》をしてもらうことに対《たい》して拒否感《きょひかん》がある場合《ばあい》は、子《こ》どもの考《かんが》えが変《か》わるまで待《ま》ってください。

保護者《ほごしゃ》としては、なるべく子《こ》どもが学《まな》びやすい環境《かんきょう》を作《つく》りたいと、要望《ようぼう》を出《だ》せないことが歯《は》がゆく感《かん》じられるかもしれませんが、子《こ》ども抜《ぬ》きで保護者《ほごしゃ》が学校《がっこう》に要望《ようぼう》を出《だ》すのはやめましょう。

また、たとえ最初《さいしょ》に子《こ》どもが合理的配慮《ごうりてきはいりょ》を望《のぞ》むと言《い》ったとしても、それを理由《りゆう》に、つぎつぎと要望《ようぼう》を出《だ》そうとするのも控《ひか》えたほうがいいでしょう。子《こ》どもが本当《ほんとう》に困《こま》っていること、合理《ごうり》的配慮《てきはいりょ》を望《のぞ》んでいることに絞《しぼ》って要望《ようぼう》を出《だ》してください。相手《あいて》(学校《がっこう》、先生《せんせい》)の都合《つごう》を考《かんが》えずにつぎからつぎへと要望《ようぼう》を出《だ》すことを、子《こ》どもは本当《ほんとう》に望《のぞ》むでしょうか。先生《せんせい》の負担《ふたん》になるほどの要望《ようぼう》は、子《こ》どもと先生《せんせい》の関係性《かんけいせい》を悪化《あっか》させないのか……そこを考《かんが》えて、引《ひ》くところは引《ひ》くのが大切《たいせつ》です。

なぜかというと、過去《かこ》に子《こ》どもの意見《いけん》を優先《ゆうせん》しなかったために、親子関係《おやこかんけい》がまずくなってしまった例《れい》があるからです。親子関係《おやこかんけい》の修復《しゅうふく》には、長《なが》い時間《じかん》がかかりました。

たとえ一度《いちど》は修復《しゅうふく》できたように見《み》えたとしても、自分《じぶん》の意見《いけん》を尊重《そんちょう》されなかった経験《けいけん》のある子《こ》には、なにかうまくいかないことがあったときなど、失敗《しっぱい》の経験《けいけん》を全部保護者《ぜんぶほごしゃ》のせいにするなどの問題《もんだい》が起《お》きることもあります。

「あのときお母《かあ》さんがこうしろって言《い》ったからだ」と、実際《じっさい》そんなことがない場面《ばめん》でも、子《こ》どものなかでそういうことになってしまうのです。

トレーニングにしろ、学校《がっこう》に要望《ようぼう》を出《だ》すにしろ、まず本人《ほんにん》の意思《いし》、意見《いけん》、考《かんが》えがいちばん大事《だいじ》です。そしてなにより大切《たいせつ》なのは、親子《おやこ》の信頼関係《しんらいかんけい》です。

また、先生《せんせい》との関係性《かんけいせい》を築《きず》くのも大切《たいせつ》です。先生《せんせい》によって、考《かんが》え方《かた》も感《かん》じ方《かた》も違《ちが》いますので、いくら説明《せつめい》してもわかってもらえないこともあるでしょうし、よく勉強《べんきょう》していてすぐに対応《たいおう》してくれることもあります。

たとえ1年生《ねんせい》での担任《たんにん》の先生《せんせい》が前例《ぜんれい》のないことには対応《たいおう》してくれなくても、2年生《ねんせい》での担任《たんにん》の先生《せんせい》はその子《こ》に必要《ひつよう》だと思《おも》えば、柔軟《じゅうなん》に対応《たいおう》してくれることは大《おお》いにありえます。

なにがどの程度《ていど》負担《ふたん》になるのかは、先生《せんせい》によって変《か》わります。保護者《ほごしゃ》の方《かた》が「この先生《せんせい》にはここまでお願《ねが》いできるだろうな」と見極《みきわ》めて、要望《ようぼう》を伝《つた》えるとスムーズでしょう。保護者側《ほごしゃがわ》も先生《せんせい》に負担《ふたん》をかけすぎないような配慮《はいりょ》ができるといいと思《おも》います。

「うちの子《こ》はこうですから、実際《じっさい》にこういう例《れい》もあるのでお願《ねが》いします」という要望《ようぼう》とともに、ぜひ「先生《せんせい》、どんなことができますか?」と先生《せんせい》の意見《いけん》を聞《き》いてみてください。

残念《ざんねん》なことに、生徒《せいと》にあわせてやり方《かた》を変《か》えることのできない先生《せんせい》もいます。発達障害《はったつしょうがい》があるということを事前《じぜん》に伝《つた》えてから入学《にゅうがく》し、「障害者差別解消法《しょうがいしゃさべつかいしょうほう》にのっとって対《たい》応《おう》します」と回答《かいとう》していたにもかかわらず、「うちの学校《がっこう》はそういう方針《ほうしん》ではありません」と頑《かたく》なに試験問題《しけんもんだい》にルビをふらない学校《がっこう》もありましたし、先生《せんせい》もいました。赤点《あかてん》をとったら何十《なんじゅっ》ページか教科書《きょうかしょ》を丸写《まるうつ》ししてこいという課題《かだい》を出《だ》してきた先生《せんせい》もいました。生徒《せいと》はストレスで、てんかん発作《ほっさ》を再発《さいはつ》してしまい、一大事《いちだいじ》になりました。

その生徒《せいと》の保護者《ほごしゃ》は、「写《うつ》したところで覚《おぼ》えられないのに、この課題《かだい》にはなんの意味《いみ》があるんですか?」と怒《おこ》っていました。当然《とうぜん》のことです。

この先生《せんせい》はもう「教育《きょういく》の目的《もくてき》」を見失《みうしな》ってますよね。これでは、水《みず》を入《い》れたバケツを持《も》って立《た》っていなさいという指示《しじ》と同《おな》じ、単《たん》なるペナルティにしかなりません。「覚《おぼ》えるために写《うつ》させる」のであれば、「教科書《きょうかしょ》の丸写《まるうつ》し」はまったく効果《こうか》がありませんから。内容《ないよう》を理解《りかい》させるためなら音声《おんせい》にして聞《き》かせて、あとで質問《しつもん》して覚《おぼ》えているか確認《かくにん》してもいいはずなんです。なにを目的《もくてき》としてその課題《かだい》を出《だ》しているのかも考《かんが》えられず、「自分《じぶん》のやり方《かた》」を貫《つらぬ》いてしまった。

また、自分《じぶん》が与《あた》えた課題《かだい》がそこまで生徒《せいと》にとって負担《ふたん》・ストレスになるという想像《そうぞう》ができていないのだと思《おも》います。

こうした先生《せんせい》もいれば、前述《ぜんじゅつ》のように要望《ようぼう》がなくても「漢字《かんじ》が苦手《にがて》だ」という困《こま》りごとを抱《かか》える生徒《せいと》が一定数《いっていすう》いると感《かん》じ取《と》り、試験問題《しけんもんだい》の漢字《かんじ》にルビをふっている先生《せんせい》もいます。

どちらに当《あ》たるのかで、学校生活《がっこうせいかつ》の過《す》ごしやすさは大《おお》きく変《か》わります。

ただ、当《あ》たり前《まえ》ですが、どういった先生《せんせい》に当《あ》たるのか、その学校《がっこう》にどんな先生《せんせい》がいるのかは、実際《じっさい》に学校《がっこう》に入《はい》ってみないとわかりません。

障害者差別解消法《しょうがいしゃさべつかいしょうほう》では、「公立《こうりつ》は義務《ぎむ》」、「私立《しりつ》は努力義務《どりょくぎむ》」と定《さだ》められています。

公立《こうりつ》は「義務《ぎむ》」ですので、もし学校《がっこう》として対応《たいおう》してくれなかった場合《ばあい》は、教育委員会《きょういくいいんかい》を動《うご》かして変《か》えてもらうこともできます。先生《せんせい》、学校《がっこう》に伝《つた》えた要望《ようぼう》を受《う》け入《い》れてもらえなかった場合《ばあい》の最終手段《さいしゅうしゅだん》として、覚《おぼ》えておいてもいいかもしれません。

たぶん先生《せんせい》から見《み》て
フユは「がんばり」が
見《み》えやすい
特別扱《とくべつあつか》いは
嫌《いや》だから
できることは
やる！
たとえ
できなくても
ナツは「がんばり」を
放棄《ほうき》しているように
見《み》える
配慮《はいりょ》
受《う》けられるなら
受《う》けたい〜！
どうせ
やっても
できないんだし
この子《こ》はどんなに
がんばっても
できないことを
それでもがんばって
やっていてエライ
がんばればできる
かもしれないのに
この子《こ》はやってない
…本当《ほんとう》はサボって
いるのでは…？
同《おな》じところまで
できたとしても
評価《ひょうか》に差《さ》が出《で》る
「がんばっても
意味《いみ》がないこと」を
がんばり続《つづ》けることは
本当《ほんとう》にしんどいこと
がんばって
がんばって
がんばって
それでもダメなら
できないと認《みと》める
…となると
がんばってる途中《とちゅう》に
心《こころ》が折《お》れちゃう
子《こ》どもも
いるんじゃないかな
それが
心配《しんぱい》…
先生《せんせい》にはどうか
「子《こ》どもの立場《たちば》に立《た》って」
考《かんが》えてほしいです…

＊学校《がっこう》へ要望《ようぼう》を出《だ》す際《さい》の参考《さんこう》になるよう、手紙《てがみ》のサンプルを2パターン掲載《けいさい》します。症状《しょうじょう》や要望《ようぼう》は当事者本人《とうじしゃほんにん》、保護者《ほごしゃ》によって違《ちが》うと思《おも》いますので、これを参考《さんこう》にお名前《なまえ》やそのほかの情報《じょうほう》、の部分《ぶぶん》を書《か》き換《か》えて使《つか》ってください。

〈学校《がっこう》への手紙例《てがみれい》①・専門家《せんもんか》バージョン〉

症状《しょうじょう》の説明《せつめい》→

●●学校《がっこう》　●●先生《せんせい》

はじめまして。私《わたし》は●●●病院の●●●●と申《もう》します。

当事者《とうじしゃ》の名前《なまえ》さんは、発達性読《はったつせいよ》み書《か》き障害《しょうがい》で、読《よ》み書《か》きに困難《こんなん》があります。発達性読《はったつせいよ》み書《か》き障害《しょうがい》は、学習障害《がくしゅうしょうがい》の一種《いっしゅ》で、知能《ちのう》が正常《せいじょう》であったとしても読《よ》み書《か》きの能力《のうりょく》だけにとくに困難《こんなん》を示《しめ》す症状《しょうじょう》です。

・ひらがな、カタカナは読《よ》めますが、読《よ》むのに時間《じかん》がかかります。
・漢字《かんじ》は、すでに習《なら》った漢字《かんじ》でも読《よ》めない／書《か》けないものが多《おお》いです。
とくに、授業《じゅぎょう》を聞《き》きながら黒板《こくばん》の文字列《もじれつ》を写《うつ》すのは大変《たいへん》な負担《ふたん》で、「書《か》くこと」に集中《しゅうちゅう》すると、授業《じゅぎょう》が耳《みみ》に入《はい》りません。

視力《しりょく》の弱《よわ》い子《こ》が、いちばん後《うし》ろの席《せき》から眼鏡《めがね》なしに黒板《こくばん》に書《か》かれた小《ちい》さな字《じ》を読《よ》もうとしても読《よ》めないように、**当事者《とうじしゃ》の名前《なまえ》**さんには、練習《れんしゅう》してもなかなか漢字《かんじ》の読《よ》み書《か》きができません。板書《ばんしょ》された文字列《もじれつ》をノートに写《うつ》すのは、いったん文字列《もじれつ》を頭《あたま》の中《なか》で音《おと》にして（黙読《もくどく》）、それから書《か》きとるので、読《よ》み書《か》きに困難《こんなん》さがある**当事者《とうじしゃ》の名前《なまえ》**さんにとっては負担《ふたん》が重《おも》いのです。

保護者《ほごしゃ》やご本人《ほんにん》からは、次《つぎ》のような工夫《くふう》をお願《ねが》いしたいと要望《ようぼう》がありました。

→ 要望《ようぼう》の具体例《ぐたいれい》

・プリント、テスト問題《もんだい》の漢字《かんじ》にふりがなをふる。
・漢字《かんじ》の書《か》き取《と》りの宿題《しゅくだい》の免除《めんじょ》、あるいは数《かず》を減《へ》らす（具体的《ぐたいてき》な量《りょう》についてはご本人《ほんにん》や保護者《ほごしゃ》の方《かた》と話《はな》し合《あ》って決《き》めていただきたく存《ぞん》じます）。
・板書《ばんしょ》を撮影《さつえい》するためのタブレットの持《も》ち込《こ》み許可《きょか》（あるいは、板書《ばんしょ》の内容《ないよう》をプリントで配布《はいふ》していただく）。

苦手《にがて》なことをまったくさせたくないというわけではありません。給食《きゅうしょく》で苦手《にがて》な食《た》べ物《もの》が出《で》たときに「全部残《ぜんぶのこ》す」のではなく「少《すこ》しだけ食《た》べてみる」のと同《おな》じように、書《か》き取《と》りの宿題《しゅくだい》学校《がっこう》が国公立《こっこうりつ》か私立《しりつ》かで文面《ぶんめん》を変《か》えてください。

当事者《とうじしゃ》の状態《じょうたい》

も、みんなと同《おな》じ時間《じかん》で書《か》ける少《すこ》しの量《りょう》であれば、続《つづ》けられると思《おも》います。

当事者《とうじしゃ》の名前《なまえ》 さんは、小学《しょうがく》1年生《ねんせい》で習《なら》う漢字《かんじ》をノート1ページ分書《ぶんか》くのに、1時間以上《じかんいじょう》かかります。この「1ページ」を「1行《ぎょう》」に減《へ》らしていただければ、かなりの負担軽減《ふたんけいげん》になります。

ところで、ご存《ぞん》じのように障害者差別解消法《しょうがいしゃさべつかいしょうほう》が平成《へいせい》28年《ねん》4月1日《がつついたち》から施行《しこう》されています。公立《こうりつ》の学校《がっこう》では合理的配慮《ごうりてきはいりょ》は義務《ぎむ》となっております（私立校《しりつこう》でも合理的配慮《ごうりてきはいりょ》は努力義務《どりょくぎむ》となっております）。

先生《せんせい》にとって過剰《かじょう》なご負担《ふたん》にならない範囲《はんい》で構《かま》いませんので、**当事者《とうじしゃ》の名前《なまえ》** さんが無理《むり》なく学習《がくしゅう》に取《と》り組《く》めるよう、ご配慮《はいりょ》をお願《ねが》いできますと幸《さいわ》いです。

〈学校《がっこう》への手紙例《てがみれい》②・保護者《ほごしゃ》バージョン〉

●●学校《がっこう》　●●先生《せんせい》

いつも大変《たいへん》お世話《せわ》になっております。●年《ねん》●組《くみ》 **お子《こ》さんの名前《なまえ》** の保護者《ほごしゃ》の●●●です。

お子《こ》さんの名前《なまえ》 は、発達性《はったつせい》読《よ》み書《か》き障害《しょうがい》で、読《よ》み書《か》きに困難《こんなん》があります。発達性《はったつせい》読《よ》み書《か》き障害《しょうがい》は、学習障害《がくしゅうしょうがい》の一種《いっしゅ》で **お子《こ》さんの名前《なまえ》** は知的能力《ちてきのうりょく》には問題《もんだい》はありませんが、読《よ》み書《か》き、とくにひらがな、カタカナの書字《しょじ》、漢字《かんじ》の読《よ》み書《か》きに困難《こんなん》があります。

→症状《しょうじょう》の説明《せつめい》

・ひらがな、カタカナは読《よ》めますが、読《よ》むのに時間《じかん》がかかります。
・漢字《かんじ》は、すでに習《なら》った漢字《かんじ》でも読《よ》めない／書《か》けないものが多《おお》いです。
とくに、授業《じゅぎょう》を聞《き》きながら板書《ばんしょ》を写《うつ》すのは大変《たいへん》な負担《ふたん》で、「書《か》くこと」に集中《しゅうちゅう》すると、授《じゅ》業《ぎょう》が耳《みみ》に入《はい》りません。

診断《しんだん》を受《う》けた●●●病院《びょういん》の先生《せんせい》からは、視力《しりょく》の弱《よわ》い子《こ》が、教室《きょうしつ》のいちばん後《うし》ろの席《せき》から眼鏡《めがね》なしに黒板《こくばん》に書《か》かれた小《ちい》さな字《じ》を読《よ》もうとしても読《よ》めないように、**お子《こ》さんの名前《なまえ》**

には、練習《れんしゅう》してもなかなか漢字《かんじ》の読《よ》み書《か》きができないのです、とご説明《せつめい》いただきました。

→ 家庭《かてい》での対策内容《たいさくないよう》

家庭《かてい》での対策《たいさく》として、●●●●支援《しえん》センターにて、書字《しょじ》のトレーニングを行《おこな》っています。

自宅《じたく》でも漢字《かんじ》の熟語《じゅくご》を読《よ》む練習《れんしゅう》、語彙力《ごいりょく》を増《ふ》やすためのトレーニングをしています。

学習面《がくしゅうめん》においては、授業前《じゅぎょうまえ》に教科書《きょうかしょ》を音読《おんどく》して聞《き》かせて内容《ないよう》を理解《りかい》させ、さらに授業《じゅぎょう》でついていけない部分《ぶぶん》を家庭教師《かていきょうし》をつけて教《おし》えてもらうようにしております。


本人《ほんにん》から学校《がっこう》へ配慮《はいりょ》を希望《きぼう》したいのは以下《いか》の3点《てん》です。

→ 要望《ようぼう》の具体例《ぐたいれい》

・プリント、テスト問題《もんだい》の漢字《かんじ》にふりがなをふる。
・漢字《かんじ》の書《か》き取《と》りの宿題《しゅくだい》の免除《めんじょ》、あるいは数《かず》を減《へ》らす（具体的《ぐたいてき》な量《りょう》については話《はな》し合《あ》って決《き》めさせていただきたく存《ぞん》じます）。
・板書《ばんしょ》を撮影《さつえい》するためのタブレットの持《も》ち込《こ》み許可《きょか》（あるいは、板書《ばんしょ》の内容《ないよう》をプリントで配布《はいふ》していただく）。

ふりがなをふるのは、視力《しりょく》の弱《よわ》い生徒《せいと》の席《せき》を前《まえ》のほうにする、眼鏡《めがね》の使用《しよう》を許可《きょか》するのと同《おな》じようなことだとご理解《りかい》いただけますようお願《ねが》いいたします。

苦手《にがて》なことをまったくさせたくないというわけではありません。給食《きゅうしょく》で苦手《にがて》な食《た》べ物《もの》が出《で》たときに「全部残《ぜんぶのこ》す」のではなく「少《すこ》しだけ食《た》べてみる」のと同《おな》じように、書《か》き取《と》りの宿題《しゅくだい》も、みんなと同《おな》じ時間《じかん》で書《か》ける少《すこ》しの量《りょう》であれば、続《つづ》けられると思《おも》います。

→お子《こ》さんの状態《じょうたい》

お子《こ》さんの名前《なまえ》は、小学《しょうがく》1年生《ねんせい》で習《なら》う漢字《かんじ》をノート1ページ分書《ぶんか》くのに、1時間以上《じかんいじょう》かかります。この「1ページ」を「1行《ぎょう》」に減《へ》らしていただければ、かなりの負担軽減《ふたんけいげん》になります。

学校《がっこう》はとても楽《たの》しいようで、授業《じゅぎょう》で教《おそ》わる内容《ないよう》にも興味《きょうみ》があるようです。しかしながら、みんなと同《おな》じやり方《かた》ではどうしても読《よ》み書《か》きの習得《しゅうとく》が難《むずか》しく、現在《げんざい》の、板書《ばんしょ》をとったり、読《よ》めない漢字《かんじ》をとなりの席《せき》のお友《とも》だちに聞《き》いたり、想像《そうぞう》で補《おぎな》ったりしつつの学習《がくしゅう》では、授《じゅ》業内容《ぎょうないよう》についていくのが難《むずか》しくなってきました。

また、周囲《しゅうい》のお友《とも》だちに漢字《かんじ》の読《よ》み方《かた》をいちいち聞《き》くことは、お友《とも》だちの負担《ふたん》にもならないか心配《しんぱい》です。ご配慮《はいりょ》ご支援《しえん》のほど、なにとぞ、よろしくお願《ねが》いいたします。

→学校《がっこう》が国公立《こっこうりつ》か私立《しりつ》かで文面《ぶんめん》を変《か》えてください。

ところで、ご存《ぞん》じのように障害者差別解消法《しょうがいしゃさべつかいしょうほう》が平成《へいせい》28年《ねん》4月1日《がっついたち》から施行《しこう》されています。公立《こうりつ》の学校《がっこう》では合理的配慮《ごうりてきはいりょ》は義務《ぎむ》となっております（私立校《しりつこう》でも合理的配慮《ごうりてきはいりょ》は努力義務《どりょくぎむ》となっております）。

センター試験《しけん》などでは試験時間《しけんじかん》の延長《えんちょう》をしたり、一部《いちぶ》の学校《がっこう》では漢字《かんじ》の書字《しょじ》テスト以外《いがい》の問題《もんだい》に対《たい》して、ひらがなで答《こた》えても正解《せいかい》にするという配慮《はいりょ》を行《おこな》っているそうです。

→お子《こ》さんのご意見《いけん》

法律《ほうりつ》ができたからといって、まだこうした取《と》り組《く》みは一部《いちぶ》の学校《がっこう》、試験《しけん》でしか行《おこな》われていないことは承知《しょうち》しております。

また、ひとりひとり個別《こべつ》に対応《たいおう》するのは、お忙《いそが》しい先生方《せんせいがた》にとってご負担《ふたん》になることというのも存《ぞん》じております。

先生方《せんせいがた》にとって過剰《かじょう》なご負担《ふたん》にならない範囲《はんい》で構《かま》いませんので、**お子《こ》さんの名前《なまえ》**が学習《がくしゅう》に取《と》り組《く》めるよう、ご配慮《はいりょ》をお願《ねが》いできますと幸《さいわ》いです。

本人《ほんにん》としましては、「自分《じぶん》が読《よ》み書《か》きが苦手《にがて》だということを先生全員《せんせいぜんいん》に認識《にんしき》しておいてほしい」と希望《きぼう》しています。「勉強《べんきょう》をしていない、サボっている」と先生方《せんせいがた》に誤解《ごかい》されることが大変辛《たいへんつら》いと申《もう》しておりました。

先生方《せんせいがた》には、どんなに努力《どりょく》しても、漢字《かんじ》も、英単語《えいたんご》も効率《こうりつ》よく習得《しゅうとく》することが困難《こんなん》で、文字《もじ》を想起《そうき》することが困難《こんなん》な人《ひと》もいる、ということをご理解《りかい》いただき、配慮《はいりょ》をお願《ねが》いできればと思《おも》っております。なにとぞ、よろしくお願《ねが》いいたします。

（7）家庭《かてい》でもできる学習《がくしゅう》のサポート例《れい》

学校《がっこう》に支援《しえん》を求《もと》めると同時《どうじ》に、家庭内《かていない》でできる学習《がくしゅう》サポートもあります。

・教科書《きょうかしょ》の漢字《かんじ》にふりがなをふる
・学習内容《がくしゅうないよう》を事前《じぜん》に家庭《かてい》で読《よ》み聞《き》かせする
・音読《おんどく》する可能性《かのうせい》のある国語《こくご》の文章《ぶんしょう》などは、保護者《ほごしゃ》が読《よ》み上《あ》げたものを録音《ろくおん》して、繰《く》り返《かえ》し聞《き》かせる
・おもに計算《けいさん》ドリルなどで、問題《もんだい》をノートに書《か》き写《うつ》して解《と》く場合《ばあい》、計算式《けいさんしき》をノートに写《うつ》すところまで保護者《ほごしゃ》が代筆《だいひつ》する

学習《がくしゅう》のサポートをする際《さい》には、「その学習《がくしゅう》の目的《もくてき》はなにか」を考《かんが》えるとよいと思《おも》います。

前述《ぜんじゅつ》のように、文字《もじ》を書《か》き写《うつ》すとき、人間《にんげん》はただ目《め》で見《み》た文字《もじ》の形《かたち》をそのままコピーするのではなく、一度《いちど》読《よ》んでから、すなわちいったん頭《あたま》の中《なか》で音《おと》にしてから書《か》きます。なんと書《か》いてあるのか読《よ》んで、記憶《きおく》して、それを書《か》く……という処理《しょり》になるんですね。

読《よ》むスピードが遅《おそ》い発達性読《はったつせいよ》み書《か》き障害《しょうがい》の人《ひと》は、「書《か》く」だけでなく、「読《よ》む」部分《ぶぶん》でも時間《じかん》がかかります。そういう大変《たいへん》さを考《かんが》えると、書《か》き写《うつ》すことを「問題《もんだい》を解《と》く」前《まえ》にするのは、とても負担《ふたん》が大《おお》きいものです。

計算《けいさん》ドリルの問題《もんだい》をノートに書《か》き写《うつ》して解《と》く……という宿題《しゅくだい》であれば、その目的《もくてき》は「計算力《けいさんりょく》をつける」ことでしょう。「問題《もんだい》を書《か》き写《うつ》す」部分《ぶぶん》は、その目的《もくてき》のために必《かなら》ずしも必要《ひつよう》なことではありませんので、保護者《ほごしゃ》が補《おぎな》っても問題《もんだい》ないと思《おも》います。

また、これは発達性読《はったつせいよ》み書《か》き障害《しょうがい》に限《かぎ》らず、集中力《しゅうちゅうりょく》の続《つづ》きにくい子《こ》にも有効《ゆうこう》です。

同《おな》じ文字《もじ》を繰《く》り返《かえ》し書《か》く書《か》き取《と》りの宿題《しゅくだい》などの場合《ばあい》、本来《ほんらい》はその文字《もじ》を覚《おぼ》え、整《ととの》った形《かたち》で書《か》けるようにという目的《もくてき》があるのでしょうが、発達性読《はったつせいよ》み書《か》き障害《しょうがい》の子《こ》に対《たい》しては有効《ゆうこう》ではありません。

ですので、目的《もくてき》から考《かんが》えると、その宿題《しゅくだい》を免除《めんじょ》してもらう、あるいは先生《せんせい》と交渉《こうしょう》して減《へ》らしてもらったほうがいいのですが、もし本人《ほんにん》に、みんなと同《おな》じように宿題《しゅくだい》を提出《ていしゅつ》したいという強《つよ》い気持《きも》ちがあったりして、どうしてもその宿題《しゅくだい》をする必要《ひつよう》があるのであれば、保護者《ほごしゃ》が薄《うす》く下《した》書《が》きをして、それをなぞることもできます。

（8）ＩＣＴ《アイシーティ》を使《つか》った学習《がくしゅう》支援《しえん》

ＩＣＴ《アイシーティ》とは、インフォメーション アンド コミュニケーション テクノロジー（Information and Communication Technology）の頭文字《かしらもじ》で、情報通信技術《じょうほうつうしんぎじゅつ》を使《つか》ったコミュニケーションを指《さ》します。ＰＣ《ピーシー》やタブレットなどの電子機器《でんしきき》、インターネットを利用《りよう》したサービスのことで、ここでは、タブレットなどを学習《がくしゅう》に使用《しよう》することを言《い》います。学校《がっこう》で黒板《こくばん》を写真《しゃしん》にとったり、その写真《しゃしん》に文字《もじ》を打《う》ち込《こ》んだりすることができ、大変便利《たいへんべんり》です。作文《さくぶん》など長《なが》い文章《ぶんしょう》を書《か》くときに、音声《おんせい》で入力《にゅうりょく》して下書《したが》きを作成《さくせい》し、それを写《うつ》すようにすれば、文章《ぶんしょう》を組《く》み立《た》てながら何度《なんど》も書《か》き直《なお》しをする負担《ふたん》を減《へ》らすこともできます。成人《せいじん》した発達性読《はったつせいよ》み書《か》き障害《しょうがい》の人《ひと》が仕事《しごと》をするにあたっては、なくてはならない存在《そんざい》です。

しかし、僕《ぼく》はあまり小《ちい》さいときからそればかりに頼《たよ》り切《き》らないほうがいいと思《おも》っています。小学生《しょうがくせい》のうちは保護者《ほごしゃ》の管理《かんり》のもとで使用《しよう》するのがいいでしょう。

たとえば、小学生《しょうがくせい》のうちからＩＣＴ《アイシーティ》を使《つか》った音声《おんせい》による学習《がくしゅう》だけをしていると、使《つか》い方《かた》によっては日常的《にちじょうてき》に漢字《かんじ》を目《め》にする機会《きかい》が少《すく》なくなるため、読《よ》みのトレーニングができません。

そうすると、語彙力《ごいりょく》がじゅうぶんに身《み》についていても漢字《かんじ》が音読《おんどく》できないということが起《お》きるのです。

パソコンやタブレットで入力《にゅうりょく》した文字《もじ》を漢字《かんじ》に変換《へんかん》する際《さい》に、同音異義語《どうおんいぎご》が複数《ふくすう》あると、どの漢字《かんじ》が正《ただ》しいのかわからないし、選《えら》べないのです。「以外《いがい》」と「意外《いがい》」、「関心《かんしん》」と「感心《かんしん》」、「期《き》限《げん》」と「機嫌《きげん》」など、これら以外《いがい》にも比較的《ひかくてき》よく使《つか》う言葉《ことば》に同音異義語《どうおんいぎご》はたくさんあります。

小中学生《しょうちゅうがくせい》のうちは、漢字《かんじ》にルビをふって漢字《かんじ》の字形《じけい》を「目《め》にする」ことが大切《たいせつ》だと思《おも》います。頻繁《ひんぱん》に目《め》にしていたら、書《か》くことはできなくても選択《せんたく》はできるようになります。

ICT《アイシーティ》を使《つか》うことでラクになることもたくさんあるので、辛《つら》い状態《じょうたい》をカバーするために使《つか》うのは良《よ》いことです。ただ、学習《がくしゅう》においては「それだけ」にならないように使《つか》い方《かた》に気《き》を付《つ》けてほしいと思《おも》います。

また、ICT《アイシーティ》を利用《りよう》して文字《もじ》を「ひらがな入力《にゅうりょく》」するにあたっては、ひらがなが「読《よ》める」だけではなく「書《か》ける」力《ちから》が必要《ひつよう》です。読《よ》めれば、ひらがな入力《にゅうりょく》で文字《もじ》を選択《せんたく》できるのではないかと思《おも》われるかもしれませんが、それは間違《まちが》いです。

僕《ぼく》がそれに気付《きづ》いたのは、30年近《ねんちか》く前《まえ》、20歳代《さいだい》の脳損傷《のうそんしょう》の患者《かんじゃ》さんと出会《であ》ったのがきっかけです。その患者《かんじゃ》さんは、ひらがなの想起《そうき》が難《むずか》しくて書《か》けないけれど、読《よ》むことはできていました。専門的《せんもんてき》に言《い》うと、仮名《かな》の純粋失書《じゅんすいしっしょ》という症状《しょうじょう》を呈《てい》していました。

読《よ》めれば、ひらがな入力《にゅうりょく》によって文字《もじ》の選択《せんたく》、タイピングはできるだろう。ワープロを使《つか》えるようになれば、「ひらがなを想起《そうき》できない、書《か》けない」ことをカバーできるのではないかと考《かんが》えました。その患者《かんじゃ》さんはまだ20代《だい》で若《わか》いですし、数日《すうじつ》あればタイピングもできるようになるだろうと、当時《とうじ》のワープロ専用機《せんようき》を貸《か》し出《だ》しました。

ところが、何日《なんにち》経《た》ってもスムーズに入力《にゅうりょく》できるようにならない。

そこではじめて、僕《ぼく》はひらがなのキーをキーボードから「読《よ》んで選《えら》んでいる」んじゃないんだと気《き》が付《つ》きました。頭《あたま》の中《なか》で文字《もじ》の形《かたち》を想起《そうき》し、その文字《もじ》を探《さが》しているんだと。

書《か》けないと、文字《もじ》を探《さが》すのにとても時間《じかん》がかかるんです。

ひらがなの読《よ》み書《か》きを習得《しゅうとく》し、さらにタイピングができるようになれば、学校《がっこう》にＩＣＴ《アイシーティ》の使用《し》申請《ようしんせい》を出《だ》すことができますね。ノートに書《か》き写《うつ》す代《か》わりに、「文字《もじ》を入力《にゅうりょく》する」という選択肢《せんたくし》ができます。

現在《げんざい》、小学校《しょうがっこう》、中学校《ちゅうがっこう》、高等学校《こうとうがっこう》では紙《かみ》の教科書《きょうかしょ》がおもに使用《しよう》されていますが、学校教育法《がっこうきょういくほう》の改正《かいせい》により２０１９年《ねん》4月《がつ》からはデジタル教科書《きょうかしょ》の導入《どうにゅう》もはじまりました。しかし、すべての学校《がっこう》でＩＣＴ《アイシーティ》環境《かんきょう》が整《ととの》っているわけではありませんので、全国的《ぜんこくてき》に利用《りよう》が一般化《いっぱんか》されるのはまだまだこれからという印象《いんしょう》です。

とはいえ、障害《しょうがい》があり、紙《かみ》の教科書《きょうかしょ》では学習《がくしゅう》が困難《こんなん》な場合《ばあい》は、一応全教科《いちおうぜんきょうか》でデジタル教科書《きょうかしょ》の使用《しよう》ができるようにはなっているようです。紙《かみ》の教科書《きょうかしょ》は義務教育《ぎむきょういく》では無償《むしょう》で給付《きゅうふ》されますが、デジタル教科書《きょうかしょ》の費用《ひよう》は今《いま》のところ家庭《かてい》で負担《ふたん》しなければならず、学校《がっこう》でタブレットの貸《たい》与《よ》制度《せいど》がない場合《ばあい》は、タブレット端末《たんまつ》も家庭《かてい》で用意《ようい》して持参《じさん》することになるため、だれでも気《き》軽《がる》に利用《りよう》できるわけではありませんが、希望《きぼう》があれば学校《がっこう》に相談《そうだん》してみるとよいでしょう。

音声《おんせい》の読《よ》み上《あ》げや漢字《かんじ》にふりがなをふる機能《きのう》があり、使《つか》い方《かた》に慣《な》れれば発達性読《はったつせいよ》み書《か》き障害《しょうがい》のある子《こ》どもにとって、学習《がくしゅう》の助《たす》けになることは間違《まちが》いありません。

自宅《じたく》でのタブレット学習《がくしゅう》では、音声読《おんせいよ》み上《あ》げソフトが使《つか》われることが多《おお》いのですが、「どこを読《よ》んでいるのかわからない」のは、あまり実用的《じつようてき》ではありません。

僕《ぼく》のイチ推《お》しは、ｉＰａｄ《アイパッド》用《よう》の「例解小学国語辞典《れいかいしょうがくこくごじてん》　第五版《だいごはん》」（三省堂《さんせいどう》、１６００円《えん》）というアプリです。国語辞典《こくごじてん》のアプリで、説明文《せつめいぶん》の漢字《かんじ》にふりがながふってあるのは、実《じつ》はあまり多《おお》くありません。これは、解説《かいせつ》も含《ふく》めて「すべての漢字《かんじ》」にふりがながふってあるので大変使《たいへんつか》いやすいです。ＬＤ《エルディ》・ディスレクシアセンターに通《かよ》っている小中学生《しょうちゅうがくせい》は使《つか》いこなしています。当然《とうぜん》ですが、タブレットなので、これで漢字《かんじ》を調《しら》べて、見《み》ながら書《か》くときも大《おお》きく表示《ひょうじ》できます。アンドロイドにはまだ対応《たいおう》していないのが残念《ざんねん》です（２０２０年《ねん》１月時点《がつじてん》）。

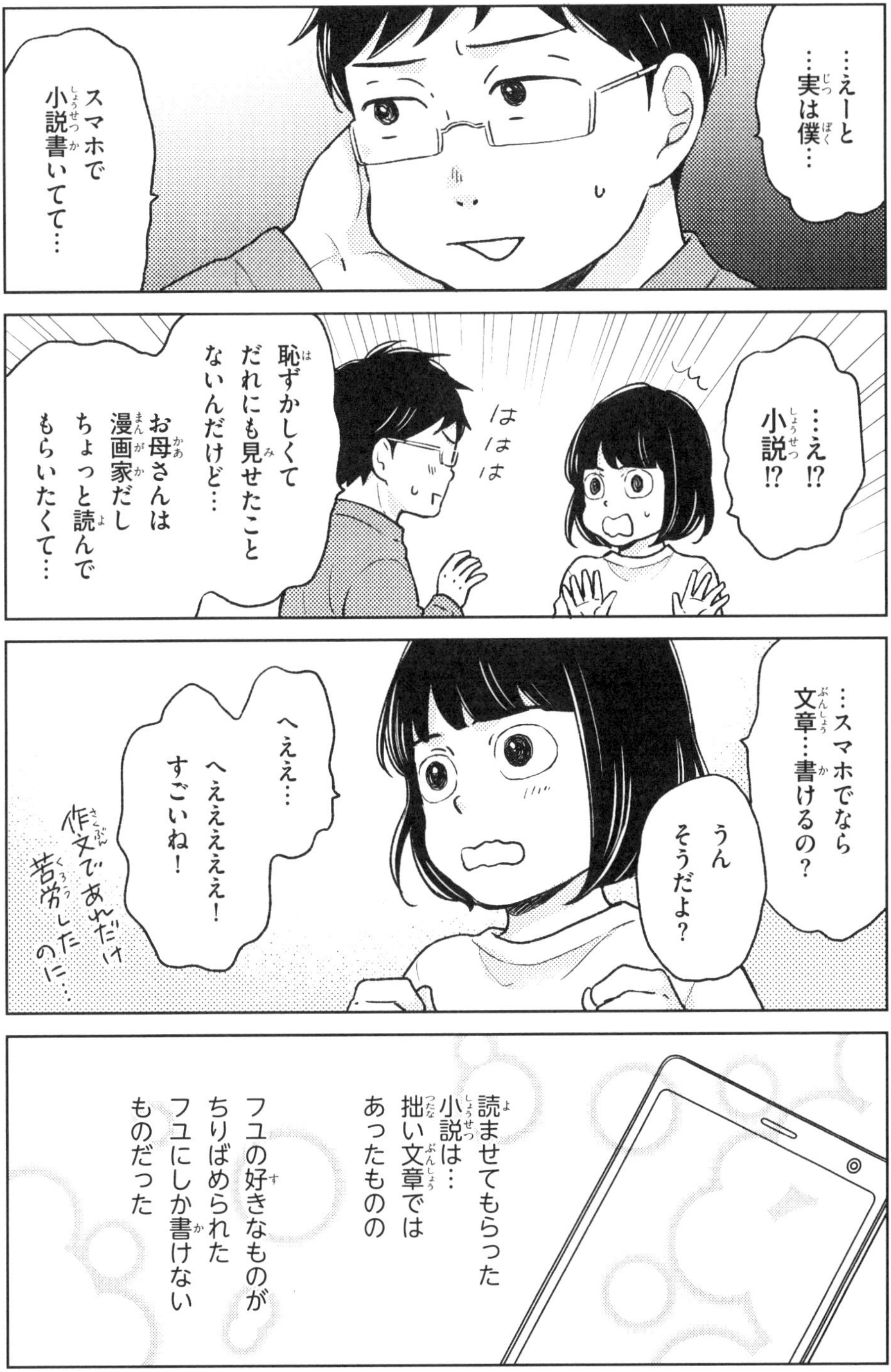
…えーと …実《じつ》は僕《ぼく》…

スマホで小説《しょうせつ》書《か》いてて…

…え⁉ 小説《しょうせつ》⁉

ははは
恥《は》ずかしくて だれにも見《み》せたこと ないんだけど… お母《かあ》さんは 漫画家《まんがか》だし ちょっと読《よ》んで もらいたくて…

…スマホでなら 文章《ぶんしょう》…書《か》けるの？

うん そうだよ？

へええ… へえええええ！ すごいね！

作文《さくぶん》であれだけ 苦労《くろう》した のに…

読《よ》ませてもらった 小説《しょうせつ》は… 拙《つたな》い文章《ぶんしょう》では あったものの
フユの好《す》きなものが ちりばめられた フユにしか書《か》けない ものだった

（9）大学《だいがく》における学習《がくしゅう》支援《しえん》

海外《かいがい》の大学《だいがく》では、資料《しりょう》をスキャンして音声化《おんせいか》するシステムがあるところもありますが、日本《にほん》の大学《だいがく》では、発達性《はったつせい》読《よ》み書《か》き障害《しょうがい》に対《たい》しての援助《えんじょ》がまだなにもないのが現状《げんじょう》です。

たとえば聴覚障害《ちょうかくしょうがい》であれば、手話《しゅわ》通訳《つうやく》やノートテイク（要約筆記《ようやくひっき》）のボランティアサービスが受《う》けられます。筑波大学《つくばだいがく》では、ノートを代《か》わりにとるノートテイカーの学生《がくせい》はペイドボランティアです。大学《だいがく》で予算《よさん》が組《く》まれていて、アルバイト料《りょう》が出《で》るようになっています。

ノートテイカーの学生《がくせい》がとったノート（実際《じっさい》にはパソコンの画面《がめん》）は、聴覚障害《ちょうかくしょうがい》の学生《がくせい》への合《ごう》理的配慮《りてきはいりょ》だけではなく、発達性《はったつせい》読《よ》み書《か》き障害《しょうがい》のある学生《がくせい》にとっても役立《やくだ》つだろうし、ユニバーサルデザインとして考《かんが》えたとき、ほかの定型発達《ていけいはったつ》の学生《がくせい》にとってもいいんじゃないかと思《おも》いついたことがあります。試《ため》しに授業《じゅぎょう》で、そのパソコン画面《がめん》をプロジェクターで映《うつ》し出《だ》して全員《ぜんいん》が読《よ》めるようにしてみましたが、その結果《けっか》は大失敗《だいしっぱい》でした。

みんな授業《じゅぎょう》をしている僕《ぼく》のほうを見《み》ないで、そっちばかり見《み》ているので、これはユニバーサルデザインとしては使《つか》えないと導入《どうにゅう》するのをやめました。

また、筑波大学《つくばだいがく》ではほかにも、視覚障害《しかくしょうがい》の学生《がくせい》には、あらかじめ講義《こうぎ》で使《つか》う資料《しりょう》を早《はや》めに送《おく》っておいて、それを点訳《てんやく》(文字《もじ》を点字《てんじ》に翻訳《ほんやく》すること)したり拡大《かくだい》したりする仕組《しく》みができています。

こうした聴覚障害《ちょうかくしょうがい》や視覚障害《しかくしょうがい》のある学生《がくせい》への支援《しえん》の例《れい》が、いずれは発達性読《はったつせいよ》み書《か》き障害《しょうがい》のある学生《がくせい》にも適用《てきよう》されるようになり、レポート提出時《ていしゅつじ》の配慮《はいりょ》や、英語学習《えいごがくしゅう》に関《かん》する配慮《はいりょ》があると良《よ》いのではないかと思《おも》うのですが、それにはまだ時間《じかん》がかかりそうです。

大学《だいがく》のなかには、身体障害《しんたいしょうがい》があり、車椅子《くるまいす》で移動《いどう》している子《こ》どもたちには受験《じゅけん》さえさせてくれないところもあります。エレベーターがないなど、設備《せつび》としてどうしても対応《たいおう》できない……と。そもそも受《う》けさせないというのは、ありえないことだと思《おも》いますが、まだこういうところもあるのが現状《げんじょう》です。

本来《ほんらい》はこうした状況《じょうきょう》を変《か》えるために当事者《とうじしゃ》やまわりの人《ひと》が動《うご》いたほうがいいのだけれど、障害《しょうがい》がきっかけで落《お》とされたり、そもそも受験《じゅけん》をさせてもらえなかった本人《ほんにん》はまずそのことで大《おお》きなショックを受《う》けます。当事者《とうじしゃ》のことを考《かんが》えれば、彼《かれ》らの精神《せいしん》を落《お》ち着《つ》かせるのが第一《だいいち》。親《おや》からしても当然《とうぜん》それがいちばん大切《たいせつ》です。なので、なかなか当事者《とうじしゃ》が訴《うった》えるなどの行動《こうどう》にうつせません。本人《ほんにん》も親《おや》もまた、別《べつ》の学校《がっこう》への入学《にゅうがく》が決《き》まって状況《じょうきょう》が落《お》ち着《つ》けば、蒸《む》し返《かえ》すのも裁《さい》判《ばん》をするのも負担《ふたん》になると、そのままあきらめることが多《おお》いですね。

第《だい》3話《わ》　本当《ほんとう》の「サポート」とは……

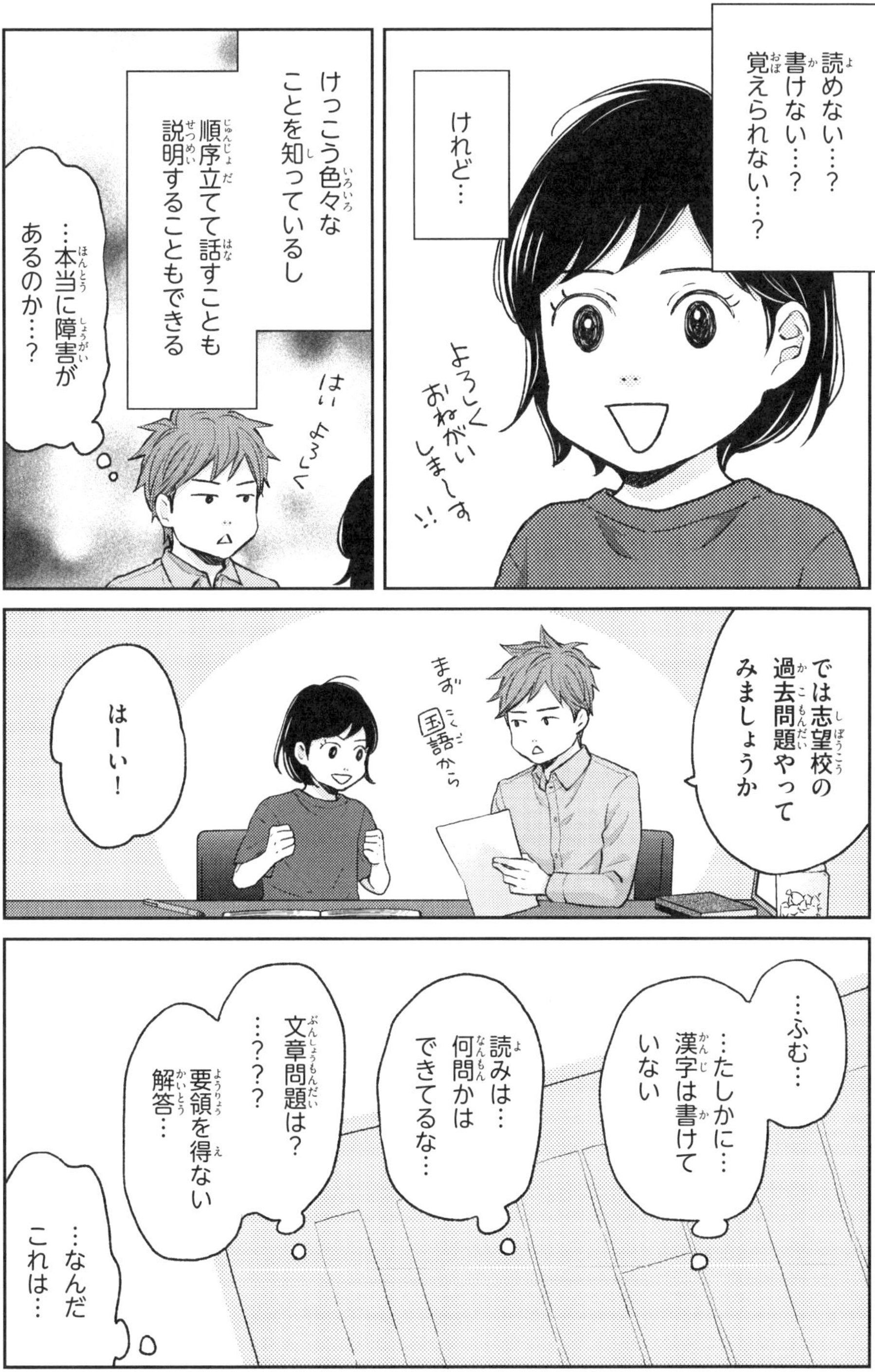
読《よ》めない…？ 書《か》けない…？ 覚《おぼ》えられない…？
けれど…
よろしくおねがいしま～す!!
けっこう色々《いろいろ》なことを知《し》っているし 順序立《じゅんじょだ》てて話《はな》すこともできる
はい よろしく
…本当《ほんとう》に障害《しょうがい》があるのか…？
では志望校《しぼうこう》の過去問題《かこもんだい》やってみましょうか
まず国語《こくご》から
はーい！
…ふむ…
…たしかに…漢字《かんじ》は書《か》けていない
読《よ》みは…何問《なんもん》かはできてるな…
文章問題《ぶんしょうもんだい》は？…？？？
要領《ようりょう》を得《え》ない解答《かいとう》…
…なんだこれは…

間違《まちが》ってはいないけど正解《せいかい》とも言《い》えない…微妙《びみょう》…
全部《ぜんぶ》ひらがなで書《か》いてあるし…
…ナツさん
はーい？
お母様《かあさま》!!
はい？
文章問題《ぶんしょうもんだい》…文章《ぶんしょう》を読《よ》み上《あ》げて口頭《こうとう》で答《こた》えさせれば
ほぼ全問正解《ぜんもんせいかい》できますね…？
あー そんな気《き》がしてました
語彙力《ごいりょく》が高《たか》いって検査結果《けんさけっか》にも出《で》てたので
おおお…
でもそれを解答用紙《かいとうようし》に書《か》かせようとしたらなぜかできないんです!!
ああー そうでしょうね

それはどうして!?
最初《さいしょ》にお伝《つた》えしたじゃないですか
ははは
文字《もじ》を書《か》くのが大変《たいへん》だから書《か》いてる途中《とちゅう》に考《かんが》えてたこと忘《わす》れちゃうらしいですよ
…そんなことあります!?
ね〜 信《しん》じられないですよね〜?
でも…そうみたいです
……ええええええええええ…?
やははは
半年後《はんとしご》ナツさんは志望校《しぼうこう》に合格《ごうかく》したが
母親《ははおや》からの要望《ようぼう》でその後《ご》も勉強《べんきょう》を見《み》ることになった

目標《もくひょう》は「留年《りゅうねん》せず高校《こうこう》を卒業《そつぎょう》すること」…だという
ははは
よろしくおねがいしますっ
成績向上《せいせきこうじょう》を目指《めざ》さない勉強《べんきょう》…
教師《きょうし》として自分《じぶん》はどこにやりがいを見《み》つければいいのだろう
母親《ははおや》はやけに冷静《れいせい》だし
…口頭《こうとう》で答《こた》えられても解答用紙《かいとうようし》に書《か》けなかったら点数《てんすう》とれないよ?
わはは
そうなんですよねえ〜〜
この子《こ》もずいぶんあっけらかんとしているのはなぜだ…

…どうせやっても
ムダなことが
多《おお》いし
…え？
今《いま》やってる
定期試験《ていきしけん》の
英語《えいご》の勉強《べんきょう》だって
単語《たんご》は全然《ぜんぜん》
覚《おぼ》えられないし
英文《えいぶん》なんか絶対《ぜったい》
読《よ》めないから
日本語訳《にほんごやく》を
丸暗記《まるあんき》していく
っていうやり方《かた》
じゃないですか
そうだね…
でも点数《てんすう》とるには
そうするしか
ないでしょう
わかってるん
ですけど
でも
…それって
「赤点《あかてん》をとらない」
ことだけを
目的《もくてき》にしたやり方《かた》
ですよね
わはは
…だって
そうしないと
進級《しんきゅう》・卒業《そつぎょう》は
できない
からで…

…本来《ほんらい》英語《えいご》の勉強《べんきょう》とは
英語《えいご》を習得《しゅうとく》するためにするわけだから
たしかにそこからはずいぶん外《はず》れたことをしている
…でも高校《こうこう》に入《はい》ったからには卒業《そつぎょう》しないといけないわけで
試験《しけん》をクリアするためにこういった方法《ほうほう》をとるのは間違《まちが》っていないと思《おも》いますよ
それはわかってるんですけど
この英語《えいご》の〝勉強《べんきょう》〟してる時間《じかん》で
もっと絵《え》を描《か》けるのになあとか…やっぱり考《かんが》えちゃうんで
はは…
絵《え》の「勉強《べんきょう》」の方《ほう》をしたいなって思《おも》っちゃうんで…

まあ…でも英語《えいご》は必修科目《ひっしゅうかもく》だしね…
なんとか一生懸命《いっしょうけんめい》やってみたらどうかな
…一生懸命《いっしょうけんめい》…
そうがんばりましょうよ
…がんばれば…
…一生懸命《いっしょうけんめい》やれば夢《ゆめ》がかなうとか
あきらめなければできるようになるとか言《い》う先生《せんせい》いるけど
私《わたし》にとってはそんなのウソだから

「先生《せんせい》」って一生懸命《いっしょうけんめい》やってできるようになったから夢《ゆめ》がかなって「先生《せんせい》」になった人《ひと》たちばっかりでしょ
どんなにがんばって一生懸命《いっしょうけんめい》やってもできるようにならない人《ひと》の気持《きも》ちが本当《ほんとう》にはわからないと思《おも》うし
ぎゅっ……
わからないからそんなこと言《い》えるんだと思《おも》う
あきらめるしかないこともあるんだよ……

……お母様《かあさま》……
はい？
わたくしは
どうすれば……
え？
一生懸命《いっしょうけんめい》がんばるって何《なに》？って以前《いぜん》ナツに聞《き》かれたんですよ
絵《え》を描《か》くときは夢中《むちゅう》になって集中《しゅうちゅう》できる…
がんばってないのに何時間《なんじかん》でもやっていられる
勉強《べんきょう》は苦手《にがて》だから夢中《むちゅう》にもなれないし集中《しゅうちゅう》もできない
だから がんばらないと いけないんだけど
どうすれば いいか わからない

だから私《わたし》はがんばるっていうのは
少《すこ》しだけガマンすることじゃないかな…って伝《つた》えました
みんな…嫌《いや》なことでも苦手《にがて》なことでも少《すこ》しガマンしてやってると思《おも》うよ
とくに学生時代《がくせいじだい》はガマンすることが多《おお》いよって
…こういうこと言《い》うのはあまり良《よ》くないのかもしれないんですけど
ナツにとって「英語《えいご》や漢字《かんじ》を学《まな》ぶ時間《じかん》」というのはほとんど意味《いみ》のない時間《じかん》なんです
もちろん勉強《べんきょう》を重《かさ》ねていけば聞《き》いたことある単語《たんご》だ!見《み》たことある漢字《かんじ》だ!って
役《やく》に立《た》つことも少《すこ》しはあるとは思《おも》うんですけど

どれだけ時間《じかん》をかけても身《み》につかないことの方《ほう》が多《おお》いんですよね
そうなると…がんばれないのもわかるし
〝勉強《べんきょう》〟なんてしなくていいよと言《い》ってやりたくもなるんですが
せっかく絵《え》が好《す》きで入《はい》った高校《こうこう》なので
無事《ぶじ》に卒業《そつぎょう》してもらいたいです
そういういろんな意味《いみ》で
今《いま》のところの目標《もくひょう》は「高校卒業《こうこうそつぎょう》」なんです
あの子《こ》の指導《しどう》は大変《たいへん》かと思《おも》うのですが
どうぞよろしくお願《ねが》いします

そうして…
ナツさんの
家庭教師《かていきょうし》をして
2年《ねん》
…2年《ねん》もかけて
ようやく理解《りかい》できた
ことがある
うむ
「高校卒業《こうこうそつぎょう》」というのは
妥当《だとう》な目標《もくひょう》であった
ということだ
(1)
彼女《かのじょ》には
「がんばらなくてもできること」
がある
絵《え》を描《か》くこと!!
人並《ひとな》み以上《いじょう》に
できる!!
おそらく!!
(2)
「がんばればできるように
なること」
がある
ひらがな
カタカナの
読《よ》み書《か》き
わりといける

(3)
「がんばっても身《み》につかないこと」
がある
ノートをとる
漢字《かんじ》テストの練習《れんしゅう》
(あとで忘《わす》れてしまうにしても直前《ちょくぜん》に覚《おぼ》えてテストで点《てん》を取《と》る努力《どりょく》)
がんばったらその場《ば》は
しのげるけれど
本当《ほんとう》の意味《いみ》では
身《み》につかない
これを「がんばる」のは
「ガマンすること」だろう
(4)
「どれだけがんばっても
どうにもできないこと」
もある
英語《えいご》…!!!
漢字《かんじ》…!!!
これをがんばらせ
続《つづ》けるのは
本人《ほんにん》にとって
プラスにならないどころか
負担《ふたん》がかかるだけだ
ぜつぼう…

でも…
学校《がっこう》の先生《せんせい》にはきっと
(2)と(3)、(3)と(4)の
境目《さかいめ》がわからない
どうせあとで
忘《わす》れちゃうけど
テストの点《てん》のために
覚《おぼ》えた漢字《かんじ》を…
えっ!? 何回《なんかい》も
くりかえして
練習《れんしゅう》しないから
忘《わす》れちゃうのよ
こんなふうに
言《い》われたり
(4)なのに(2)だと
思《おも》って
「がんばればできる!」
と無理《むり》をさせてしまう
努力《どりょく》が
足《た》りないのよ!!
書《か》いたら
覚《おぼ》えるから
この書《か》き取《と》り
全部《ぜんぶ》やりま
しょうね!!
やるまで
帰《かえ》れないよ～!!!
え…
いや…
ムリ…
こんな大量《たいりょう》……
期待《きたい》の
あらわれだとしても
本人《ほんにん》にとっては
重荷《おもに》になる
ナツさんが
たまに
怒《おこ》りながら
泣《な》いていることが
あるのは これ……
できない
ってば!!!
き～っ
き～っ

またがんばっているのにできないことに対《たい》して
ちゃんとやってるのに……
「本当《ほんとう》はがんばっていないんじゃないか」と疑《うたが》われることが本人《ほんにん》は辛《つら》い
その境目《さかいめ》は人《ひと》それぞれ全然違《ぜんぜんちが》うのだ
ぼくが家庭教師《かていきょうし》としてマンツーマンで見《み》ていて理解《りかい》するまでに2年《ねん》かかったことを
大勢《おおぜい》の生徒《せいと》を抱《かか》える学校《がっこう》の先生《せんせい》が理解《りかい》できないのはわかる
親《おや》でも疑《うたが》ってしまうことだってあるんですよ

ほんとにできないの⁉嘘《うそ》でしょ⁉って思《おも》うこともある…
それでもナツのことを信頼《しんらい》しているから信《しん》じるんです
学校《がっこう》の先生《せんせい》がひとりひとりを見極《みきわ》めるのは難《むずか》しいと思《おも》うけど　ただこういう子《こ》もいるんだなって
知識《ちしき》として頭《あたま》に入《い》れておいていただくだけで本人《ほんにん》の言葉《ことば》を信《しん》じる度合《どあ》いがあがると思《おも》うんです
最初《さいしょ》から疑《うたが》うのではなく
「この子《こ》のラインはここなのかも…」と思《おも》えるようになってもらえたらいいなって

…ぼくも最初《さいしょ》は疑《うたが》っていた
こんなのできないわけないじゃないかって…
こんな簡単《かんたん》なことが…って
「卒業《そつぎょう》」が目標《もくひょう》と言《い》われて
教師《きょうし》としてのやりがいに欠《か》けるなんて考《かんが》えていたけど
大変《たいへん》な思《おも》い上《あ》がりだった
やりがい…あるじゃないか
勉強《べんきょう》が苦手《にがて》でやりたくないナツさんだけど
だんだんとぼくの出《だ》した課題《かだい》もやってくれるようになってきている
ぼくとナツさんの間《あいだ》に信頼関係《しんらいかんけい》が生《う》まれてきたからだろう
ちゃんと宿題《しゅくだい》
やりました
えらい

彼女《かのじょ》の苦手《にがて》なことを
理解《りかい》し

どうやったら
彼女《かのじょ》が嫌《いや》にならずに
学習《がくしゅう》できるか…

それが
わかってきたから
こその信頼関係《しんらいかんけい》だ

高校《こうこう》を卒業《そつぎょう》する
その日《ひ》まで
寄《よ》り添《そ》いサポートして
いきたいと思《おも》っている

第《だい》4章《しょう》

将来《しょうらい》の目標《もくひょう》を決《き》める

(1)「苦手《にがて》な方向《ほうこう》に進《すす》まない」ように

この本《ほん》のまえがきで「あえて苦手《にがて》なことで勝負《しょうぶ》する必要《ひつよう》はない。むしろ、苦手《にがて》なものは避《さ》けられるのであれば、避《さ》けたほうがよい」と書《か》きました。

発達性読《はったつせいよ》み書《か》き障害《しょうがい》のある子《こ》どもにとって、苦手《にがて》なことというのは、まず「読《よ》み書《か》き」です。読《よ》み書《か》きが苦手《にがて》であれば、手書《てが》きでものを書《か》く必要《ひつよう》があったり、たくさんの文章《ぶんしょう》を読《よ》む仕事《しごと》は避《さ》けたほうがいいでしょう。

苦手《にがて》なことは、トレーニングでできるようになったり、ICT《アイシーティ》を使《つか》ったり、だれかほかの人《ひと》に助《たす》けてもらったりして「カバーする」ことはできても、「得意《とくい》」にはなりません。

読《よ》み書《か》きの習得《しゅうとく》ができない原因《げんいん》となっている能力《のうりょく》の弱《よわ》さは、人《ひと》によってそれぞれです。もし、詳細《しょうさい》な検査《けんさ》を受《う》けられる環境《かんきょう》で、その後《ご》も専門機関《せんもんきかん》に定期的《ていきてき》にかかれる場合《ばあい》は、どういった方向《ほうこう》が苦手《にがて》なのか詳《くわ》しく聞《き》いてみると、将来《しょうらい》のことを考《かんが》えるきっかけになるかもしれません。

ただしこれも、まずは子《こ》どもの気持《きも》ちがいちばんです。向《む》いていない職業《しょくぎょう》を目指《めざ》しているからといって、無理《むり》やり方向《ほうこう》を変《か》えるのではなく、幅《はば》を広《ひろ》げて選択肢《せんたくし》を増《ふ》やし、向《む》き不向《ふむ》きが自《じ》分《ぶん》で納得《なっとく》できるまで親《おや》は口出《くちだ》しせずに見守《みまも》る必要《ひつよう》があります。

LD《エルディ》・ディスレクシアセンターでは、小学校高学年《しょうがっこうこうがくねん》くらいになると、将来《しょうらい》の夢《ゆめ》について質問《しつもん》します。

子《こ》どもの答《こた》えはさまざまです。自分《じぶん》は読《よ》み書《か》きが苦手《にがて》だとわかっていても、どういう職業《しょくぎょう》で読《よ》み書《か》きの高《たか》い能力《のうりょく》が求《もと》められるのかはわかりません。

どんなに目指《めざ》すのが難《むずか》しそうな職業《しょくぎょう》をあげても、まずは子《こ》どもの将来《しょうらい》の夢《ゆめ》を「それはいいね！」、「かっこいいね！」と受《う》け止《と》めてあげてください。「それをがんばって目指《めざ》そう」、「楽《たの》しそうだね！」としたうえで、「もしもその職業《しょくぎょう》につけなかったときのために、ほかにどんな職業《しょくぎょう》が向《む》いているのか考《かんが》えよう」と幅《はば》を広《ひろ》げる提案《ていあん》をします。

たとえば、ご両親《りょうしん》がともにお医者《いしゃ》さんで、子《こ》どもも「医者《いしゃ》になるぞ!!」とだけ思《おも》っている場合《ばあい》などは大変《たいへん》です。もし医学部《いがくぶ》に何年《なんねん》挑戦《ちょうせん》しても入《はい》れなかったら、そのときはどうするんでしょうか。受験《じゅけん》や国家《こっか》試験《しけん》に失敗《しっぱい》したあと、ほかにどうするのか……考《かんが》えている人《ひと》のほうが、立《た》ち直《なお》りはきっと早《はや》いですよね。

夢《ゆめ》をあきらめさせるのではなく、夢《ゆめ》は夢《ゆめ》として大事《だいじ》にし、本人《ほんにん》の思《おも》いを尊重《そんちょう》する。そのうえで、もしもダメだったときのための可能性《かのうせい》を考《かんが》えて、ほかの仕事《しごと》も視野《しや》に入《い》れて考《かんが》えてみようということです。

そのときに、「好《す》きなこと」だけじゃなくて「嫌《きら》いじゃないこと、苦手《にがて》じゃないこと」を候補《こうほ》にあげていくようおすすめします。これは複数《ふくすう》あるといいですね。

嫌《きら》いじゃない、でも得意《とくい》でもないもののなかで、練習《れんしゅう》してできるようになるものは「苦手《にがて》」ではないと言《い》えるでしょう。

小学生《しょうがくせい》のうちはわからない自分《じぶん》の得意《とくい》・不得意《ふとくい》や、向《む》き・不向《ふむ》きも、中学生《ちゅうがくせい》くらいになるとだんだんわかってきます。

ドイツでは中学《ちゅうがく》に進《すす》む際《さい》に、技術系《ぎじゅつけい》か進学《しんがく》か、進路《しんろ》を決《き》めることになっているそうです。中《ちゅう》学生《がくせい》にもなれば、自分《じぶん》が勉強《べんきょう》に向《む》いているかどうかはある程度《ていど》わかりますよね。

ドイツは、勉強《べんきょう》ができる人《ひと》だけが尊敬《そんけい》される社会《しゃかい》ではないんでしょうね。技術《ぎじゅつ》を持《も》っている人《ひと》も尊敬《そんけい》されています。技術職《ぎじゅつしょく》は、勉強《べんきょう》ができない人《ひと》がなる職業《しょくぎょう》ではなくて、長《なが》い時間《じかん》をかけて高《たか》い技術《ぎじゅつ》を身《み》につけた人《ひと》ができる職業《しょくぎょう》だという認識《にんしき》があるんだと思《おも》います。

日本《にほん》は基本《きほん》が勉強中心《べんきょうちゅうしん》ですが、その価値観《かちかん》から離《はな》れて、自分《じぶん》にとって向《む》いているか、自分《じぶん》が不得意《ふとくい》ではないかで職業《しょくぎょう》を見《み》てみてください。

苦手《にがて》な読《よ》み書《か》きのトレーニングをがんばって、大学受験《だいがくじゅけん》を乗《の》り越《こ》えた先《さき》にあるのが、また苦《にが》手《て》な読《よ》み書《か》きが必要《ひつよう》とされる手書《てが》きの履歴書《りれきしょ》や筆記試験《ひっきしけん》、作文《さくぶん》などの就職活動《しゅうしょくかつどう》で、就職《しゅうしょく》してからも苦手《にがて》な読《よ》み書《か》きが必要《ひつよう》とされる……となると、続《つづ》けるのは難《むずか》しいことです。

仕事《しごと》の多《おお》くは、「苦手《にがて》じゃないこと」をやっていくうちに、だんだん楽《たの》しくなっていくというものではないかと思《おも》います。サラリーマンになって、毎日《まいにち》やっているうちに、居場所《いばしょ》ができてくる。「これは人《ひと》より得意《とくい》だな」とか「ここが楽《たの》しいな」と思《おも》うようになっていく。

だけど、そんなものは最初《さいしょ》からはわかりません。嫌《きら》いなこと、苦手《にがて》なことは続《つづ》けられないけれど、嫌《きら》いじゃない、苦手《にがて》じゃないことだから「続《つづ》けていこうかな」と思《おも》える。そして、続《つづ》けていくうちに、そのなかに楽《たの》しみを見出《みいだ》すことができる。自分《じぶん》が役《やく》に立《た》てていること、達成感《たっせいかん》があることに気付《きづ》くようになる。

もちろん、なかには子《こ》どもの頃《ころ》から好《す》きで好《す》きで楽《たの》しくてしょうがないことを続《つづ》けてそのまま職業《しょくぎょう》になったという人《ひと》もいるでしょうが、それがごく限《かぎ》られた人《ひと》だけであることは、ここで言《い》うまでもありませんよね。それは、発達性読《はったつせいよ》み書《か》き障害《しょうがい》であろうがなかろうが、同《おな》じことです。

多《おお》くの大人《おとな》がそうしているように、好《す》きなことは趣味《しゅみ》として続《つづ》けていけばいいんです。サラリーマンとして働《はたら》きながら、夜《よる》にゲームを楽《たの》しんだり、週末《しゅうまつ》に野球《やきゅう》やサッカーをしたりしている人《ひと》はたくさんいます。

発達性読《はったつせいよ》み書《か》き障害《しょうがい》だけの典型例《てんけいれい》であれば、サラリーマンや学者《がくしゃ》、編集者《へんしゅうしゃ》などには向《む》いていないでしょう。そこに自閉《じへい》スペクトラム症《しょう》も併発《へいはつ》していれば、対人関係《たいじんかんけい》が苦手《にがて》ですから、コミュニケーション能力《のうりょく》が必要《ひつよう》な職種《しょくしゅ》も避《さ》けたほうがよさそうです。たとえば歯科技工士《しかぎこうし》や伝統《でんとう》工芸《こうげい》など、対人能力《たいじんのうりょく》よりも技術《ぎじゅつ》が大切《たいせつ》で、ひとりでコツコツできる職業《しょくぎょう》だったら逆《ぎゃく》に有利《ゆうり》かな……と考《かんが》えられます。

このように、「読《よ》み書《か》き」に加《くわ》えて、ほかにも苦手《にがて》なものがあれば、そこを考慮《こうりょ》して、無理《むり》なくできそうな仕事《しごと》、「やりたくない」と感《かん》じない仕事《しごと》を候補《こうほ》にあげていきましょう。

余談《よだん》ですが、僕《ぼく》も高校《こうこう》を卒業《そつぎょう》したあと、ストレートに大学《だいがく》に進《すす》んだわけではありません。友《ゆう》人《じん》が立《た》ち上《あ》げた仕事《しごと》を手伝《てつだ》っていたのですが、その仕事《しごと》が立《た》ち行《ゆ》かなくなり、それから大学《だいがく》に進《すす》んだのです。そして、まだ国《くに》として資格《しかく》がないような専門的《せんもんてき》な仕事《しごと》を目指《めざ》そうと、言語聴覚《げんごちょうかく》士《し》か外国人《がいこくじん》に日本語《にほんご》を教《おし》える日本語教師《にほんごきょうし》か……と悩《なや》んで、途中《とちゅう》までは両方視野《りょうほうしや》に入《い》れていました。そこから、どんどん専門的《せんもんてき》なところに進《すす》んでいって……今《いま》は、当時《とうじ》では想像《そうぞう》もできなかったことになっています。はじめから発達性読《はったつせいよ》み書《か》き障害《しょうがい》の研究者《けんきゅうしゃ》を目指《めざ》したのではなく、苦手《にがて》ではない方向《ほうこう》へと選択《せんたく》していった結果《けっか》が今《いま》です。

(2)高校《こうこう》・専門学校選《せんもんがっこうえら》びのポイント

高校選《こうこうえら》びにおいては、まず学力《がくりょく》が自分《じぶん》にあっていて、荒《あ》れていない学校《がっこう》であることが大切《たいせつ》です。発達性読《はったつせいよ》み書《か》き障害《しょうがい》のある子《こ》の学力《がくりょく》の評価《ひょうか》は、その子《こ》の知能水準《ちのうすいじゅん》と比《くら》べたら低《ひく》めになります。受験時《じゅけんじ》に試験時間延長《しけんじかんえんちょう》などの合理的配慮《ごうりてきはいりょ》を受《う》けられたとしても、本来《ほんらい》の力《ちから》を発揮《はっき》するのは難《むずか》しいでしょう。

一般的《いっぱんてき》に「受験《じゅけん》」というと、自分《じぶん》の学力《がくりょく》の上限《じょうげん》を目指《めざ》そう、がんばって偏差値《へんさち》の高《たか》いところに入《はい》ろう……と考《かんが》えがちですが、発達性読《はったつせいよ》み書《か》き障害《しょうがい》がある子《こ》の場合《ばあい》、自分《じぶん》の本来《ほんらい》の知能水準《ちのうすいじゅん》よりは結果的《けっかてき》に低《ひく》いところを狙《ねら》うことになります。

学力《がくりょく》の低《ひく》い学校《がっこう》を目指《めざ》すというとなにかをあきらめるような印象《いんしょう》を受《う》けるかもしれません。しかし、学力《がくりょく》に余裕《よゆう》のある学校《がっこう》に入《はい》ると、そのなかで上位《じょうい》に入《はい》れ、心《こころ》にゆとりが持《も》てるという場合《ばあい》もあります。

そうすると、ほかの子《こ》をお手伝《てつだ》いする、助《たす》ける、引《ひ》っ張《ぱ》ってあげる経験《けいけん》ができて、それが良《よ》い影響《えいきょう》を及《およ》ぼします。発達性読《はったつせいよ》み書《か》き障害《しょうがい》のある子《こ》の多《おお》くは、中学校《ちゅうがっこう》まではそういう経験《けいけん》が少《すく》ないから、高校入学後《こうこうにゅうがくご》「自分《じぶん》は劣《おと》っているわけではない」という自信《じしん》に結《むす》び付《つ》けられるのです。

無理《むり》に偏差値《へんさち》の高《たか》い学校《がっこう》に入《はい》ると、こういう経験《けいけん》はできません。

とくに、高校卒業後《こうこうそつぎょうご》に大学《だいがく》への進学《しんがく》を考《かんが》えていない場合《ばあい》は、こうした経験《けいけん》は、偏差値《へんさち》の高《たか》い高校《こうこう》に入《はい》るよりもずっと大切《たいせつ》なことになってきます。

私《わたし》の知《し》る発達性読《はったつせいよ》み書《か》き障害《しょうがい》のある方《かた》は、進学校《しんがくこう》へ入学《にゅうがく》したのですが、最初《さいしょ》の国語《こくご》の授業《じゅぎょう》で音読《おんどく》がスムーズにできずに教師《きょうし》に叱《しか》られたことがトラウマになり、その後《ご》の高校生活《こうこうせいかつ》が辛《つら》かったと話《はな》していました。

どのような専門学校《せんもんがっこう》へ行《い》くかという決断《けつだん》は、どのような職業《しょくぎょう》につくのかという職業選択《しょくぎょうせんたく》に直結《ちょっけつ》します。専門学校《せんもんがっこう》の授業《じゅぎょう》のやり方《かた》、教材《きょうざい》は、多《おお》くが大学受験《だいがくじゅけん》を目標《もくひょう》とする高校以上《こうこういじょう》に多様《たよう》です。どういった教材《きょうざい》を使《つか》って、どのような授業《じゅぎょう》をしているのか。就職《しゅうしょく》の際《さい》の支援《しえん》はあるのか。いろいろな目線《めせん》で候補《こうほ》を絞《しぼ》っていってください。

同《おな》じ調理系《ちょうりけい》の学校《がっこう》でも、教《おそ》わったレシピをすべて手書《てが》きでノートに写《うつ》す方法《ほうほう》をとっている学校《がっこう》もあれば、ｉＰａｄ《アイパッド》にレシピが配信《はいしん》されて、まったく書《か》かなくていい学校《がっこう》もあるそうです。

校風《こうふう》がその子《こ》にあっているか、荒《あ》れていないかなどは、見学《けんがく》に行《い》くことが大切《たいせつ》になってきます。まずは保護者《ほごしゃ》がいくつか見学《けんがく》に行《い》って、選択肢《せんたくし》を作《つく》って、その２つ、３つの選択肢《せんたくし》の学校《がっこう》を子《こ》どもと一緒《いっしょ》にもう一度見学《いちどけんがく》に行《い》って、子《こ》ども自身《じしん》に決《き》めてもらうといいでしょう。

ここでも、子《こ》ども自身《じしん》の意見《いけん》、決断《けつだん》を大切《たいせつ》にしてほしいと思《おも》います。

(3)発達性読《はったつせいよ》み書《か》き障害《しょうがい》の人《ひと》の就職《しゅうしょく》と仕事《しごと》

発達性読《はったつせいよ》み書《か》き障害《しょうがい》のある人《ひと》には、いわゆるサラリーマンになることはおすすめしないと言《い》いましたが、もちろん、サラリーマンになっている人《ひと》もいます。

LD《エルディ》・ディスレクシアセンターの卒業生《そつぎょうせい》に、鞄《かばん》を作《つく》る工場《こうじょう》で働《はたら》いている人《ひと》がいます。彼《かれ》も立場《たちば》としてはサラリーマンですが、先日《せんじつ》、係長《かかりちょう》になったと報告《ほうこく》を受《う》けました。係長《かかりちょう》の立場《たちば》だと書類《しょるい》を作成《さくせい》しなければいけないのじゃないかと心配《しんぱい》したのですが、書《か》かなくてもいいとのことで安心《あんしん》しました。

一般的《いっぱんてき》に「就職《しゅうしょく》」というと、高校《こうこう》や専門学校《せんもんがっこう》、大学《だいがく》の卒業《そつぎょう》を前《まえ》に就職活動《しゅうしょくかつどう》をして就職試験《しゅうしょくしけん》を受《う》けて……というイメージが強《つよ》いですが、お金《かね》の生《う》み出《だ》し方《かた》、「仕事《しごと》」というのはひとつではありません。

僕《ぼく》の知《し》っているなかで、これは発達性読《はったつせいよ》み書《か》き障害《しょうがい》のある人《ひと》には向《む》いていないだろうと思《おも》っていた職業《しょくぎょう》についた人《ひと》がいて、とくに驚《おどろ》いたのは、作業療法士《さぎょうりょうほうし》とスマホゲームの開発者《かいはつしゃ》です。作業療法士《さぎょうりょうほうし》になった人《ひと》は、「職種《しょくしゅ》を選《えら》ぶときに、納棺師《のうかんし》か漆職人《うるししょくにん》を考《かんが》えました。漆職人《うるししょくにん》は伝《でん》統工芸《とうこうげい》であとを継《つ》ぐ人《ひと》が少ないし、死《し》ぬ人《ひと》は減《へ》らないから納棺師《のうかんし》であれば食《く》いっぱぐれがない」と言《い》っていました。

スマホゲームの開発《かいはつ》をしている人《ひと》は、もともと自動車整備工《じどうしゃせいびこう》の国家試験《こっかしけん》にも合格《ごうかく》していました。よく試験問題《しけんもんだい》が読《よ》めたなと驚《おどろ》いて、漢字《かんじ》のテストをしてみたら、全然読《ぜんぜんよ》めていませんでした。「先生《せんせい》、読《よ》めなくてもね、漢字《かんじ》を見《み》たらイメージがわくんです。だからわかる」。音読《おんどく》はできないけれど、漢字《かんじ》を見《み》れば、意味《いみ》がわかると言《い》うんですね。だから、マークシート式《しき》の試験《しけん》に合格《ごうかく》できたのだと。

読《よ》めなくても意味《いみ》がわかって国家試験《こっかしけん》に合格《ごうかく》できることもあるんだと知《し》りました。けれど、コンピュータグラフィックスが好《す》きで、どうしてもその道《みち》に進《すす》みたいということで結局《けっきょく》はスマホゲームの開発者《かいはつしゃ》になりました。

変《か》わった例《れい》では、現在《げんざい》、40歳《さい》くらいの女性《じょせい》で俳優《はいゆう》や落語家《らくごか》をやっている人《ひと》がいます。彼女《かのじょ》は、OL《オーエル》を3年《ねん》ほど経験《けいけん》したことがあるのですが、当時《とうじ》はみんなから「なんでそんなに仕事《しごと》ができないの？」と言《い》われたりして大変《たいへん》だったそうです。セリフや落語《らくご》は原稿《げんこう》を見《み》て覚《おぼ》えるんじゃなくて、音《おと》で覚《おぼ》えるから大丈夫《だいじょうぶ》なんだそうですね。

どちらかというと人付《ひとづ》き合《あ》いが得意《とくい》ではなく、歯科技工士《しかぎこうし》を目指《めざ》して専門学校《せんもんがっこう》に行《い》っている人《ひと》もいます。これはとてもぴったりだと思《おも》いましたね。歯科医師《しかいし》から、いいクリニックには、腕《うで》のある歯科技工士《しかぎこうし》が欠《か》かせないと、クリニックを開《ひら》くときに地方《ちほう》から歯科技工士《しかぎこうし》を連《つ》れてきた……という話《はなし》を聞《き》いたことがあります。

今《いま》、フユくんが専門学校《せんもんがっこう》で学《まな》んで目指《めざ》している調理師《ちょうりし》の免許《めんきょ》をとった人《ひと》もいます。

機械《きかい》にとって代《か》わられない「手《て》に職《しょく》」系《けい》の仕事《しごと》は、読《よ》み書《か》き能力《のうりょく》やコミュニケーション能力《のうりょく》以《い》上《じょう》に重視《じゅうし》されるという例《れい》です。

先《さき》ほど漆職人《うるししょくにん》の例《れい》が出《で》ましたが、伝統工芸《でんとうこうげい》など通常《つうじょう》あまりみんなが持《も》たない特別《とくべつ》な技術《ぎじゅつ》を持《も》っているというのはいいですよね。植物《しょくぶつ》に興味《きょうみ》があるなら庭師《にわし》もよさそうです。おしゃれ好《ず》きなら理容師《りようし》や美容師《びようし》、歴史《れきし》あるものに関《かか》わりたければ宮大工《みやだいく》など……考《かんが》えればいろいろ出《で》てきます。


また、どうしても一般枠《いっぱんわく》での就職《しゅうしょく》が難《むずか》しい場合《ばあい》は、障害者手帳《しょうがいしゃてちょう》を取得《しゅとく》して、障害者採用枠《しょうがいしゃさいようわく》での就職《しゅうしょく》も可能《かのう》です。手帳《てちょう》を持《も》っていることは言《い》わなければわかりませんので、いざ必要《ひつよう》なときに使《つか》えるひとつの手段《しゅだん》だと思《おも》って、本人《ほんにん》が嫌《いや》でなければ取得《しゅとく》してもいいかもしれません。

障害者採用枠《しょうがいしゃさいようわく》を使《つか》えると、就職《しゅうしょく》の可能性《かのうせい》が広《ひろ》がるというメリットもありますが、デメリットもあります。障害者枠《しょうがいしゃわく》での採用《さいよう》は、一般的《いっぱんてき》に給与《きゅうよ》が低《ひく》いんですね。

僕《ぼく》が知《し》っている人《ひと》は、もともと通常《つうじょう》の条件《じょうけん》で就職《しゅうしょく》していたのですが、仕事《しごと》で日常的《にちじょうてき》に使《つか》う備《び》品《ひん》に書《か》いてある文字《もじ》が読《よ》めず、また読《よ》めないままにしていたことをきっかけにクビになってしまいました。結婚《けっこん》していてお子《こ》さんもいるし、すぐに再就職《さいしゅうしょく》しないと……ということで、障害《しょうがい》者枠《しゃわく》で仕事《しごと》を探《さが》しました。おかげで、「全然《ぜんぜん》読《よ》み書《か》きしないですみます！」と言《い》っていました。彼《かれ》の場合《ばあい》は、奥《おく》さんも働《はたら》いていて、それで家族《かぞく》の生計《せいけい》が成《な》り立《た》っているんですね。

もちろん障害者枠採用《しょうがいしゃわくさいよう》でも最低賃金《さいていちんぎん》はクリアしています。それでも高給取《こうきゅうと》りになることはできません。給与面《きゅうよめん》を考《かんが》えると、採用《さいよう》に関《かん》しては、一般枠採用《いっぱんわくさいよう》が可能《かのう》であれば、そのほうがいいと思《おも》います。

一般枠《いっぱんわく》で採用《さいよう》してもらえそうな、読《よ》み書《か》きを重視《じゅうし》されない仕事《しごと》を探《さが》す。そのための技術《ぎじゅつ》を身《み》につけることを考《かんが》えたほうがいいでしょう。大学卒業《だいがくそつぎょう》の資格《しかく》を得《え》ることが、そこにつながるわけではありませんよね。

好《す》きなことでなく
嫌《きら》いじゃないことを考《かんが》えると
選択《せんたく》のはばが広《ひろ》がります
へ〜
へ〜

(4)苦手《にがて》をカバーする力《ちから》を身《み》につける

苦手《にがて》なことをカバーするには、まずは苦手《にがて》を知《し》る必要《ひつよう》があります。

たとえば僕《ぼく》には「忘《わす》れ物《もの》が多《おお》い」という弱点《じゃくてん》があります。家《いえ》の鍵《かぎ》や財布《さいふ》などは何度《なんど》忘《わす》れたかわかりません。ですので、忘《わす》れ物《もの》をしないように、鍵《かぎ》やカードケースなど外出先《がいしゅつさき》で忘《わす》れたら困《こま》るものは、すべてチェーンで鞄《かばん》につなげています。

まず、「自分《じぶん》の苦手《にがて》を知《し》り、自分《じぶん》でどうにかできないか工夫《くふう》して対策《たいさく》を練《ね》る」。これが1つ。

しかし、それでも鞄《かばん》ごと忘《わす》れてしまうこともあります。僕《ぼく》の場合《ばあい》は、そういうときのために、事前《じぜん》に学生《がくせい》や研究《けんきゅう》チームの仲間《なかま》たちに「忘《わす》れ物《もの》が多《おお》いから、忘《わす》れたときはよろしく」と頼《たの》んでいます。実際《じっさい》に、学生《がくせい》が僕《ぼく》を追《お》いかけて届《とど》けてくれたこともあります。「周囲《しゅうい》の人《ひと》に苦手《にがて》を伝《つた》えておき、サポートしてもらう」。これが2つ目《め》。

ひとりで行動《こうどう》しているときに、鞄《かばん》を忘《わす》れたことも2度《ど》あります。1度目《どめ》はまわりの人《ひと》が届《とど》けてくれて、2度目《どめ》は山手線《やまのてせん》の網棚《あみだな》の上《うえ》だったので、駅員《えきいん》さんに伝《つた》えたあと、1時間《じかん》同《おな》じ場所《ばしょ》で待《ま》って回収《かいしゅう》しました。「なにかあったときに、焦《あせ》らず対応策《たいおうさく》を考《かんが》える」。これが3つ目《め》。

これを「読《よ》み書《か》きが苦手《にがて》」な人《ひと》に当《あ》てはめて考《かんが》えてみましょう。

読《よ》み書《か》きが苦手《にがて》な人《ひと》が「自分《じぶん》でどうにかするための対策《たいさく》」というと、欠《か》かせないのはＩＣＴ《アイシーティ》機《き》器《き》です。

読《よ》み書《か》きが苦手《にがて》であれば、スマートフォンやタブレットを使《つか》って漢字《かんじ》の読《よ》み方《かた》や、文字《もじ》の形《かたち》を調《しら》べることはほかの人《ひと》よりも多《おお》くなります。そうしたときに使《つか》えるアプリケーションソフトを入《い》れて、使《つか》い方《かた》を練習《れんしゅう》しておくことは対策《たいさく》になります。自分《じぶん》にとって使《つか》い勝手《がって》のよいものをダウンロードするなど、自分《じぶん》の苦手《にがて》に必要《ひつよう》なソフトはどういうものかを理解《りかい》し、事前《じぜん》に対策《たいさく》しましょう。

文字《もじ》を打《う》ち込《こ》むにあたっては、音声《おんせい》で入力《にゅうりょく》する精度《せいど》をあげておくと役立《やくだ》ちます。機械《きかい》が聞《き》き取《と》りにくい話《はな》し方《かた》をすると、入力《にゅうりょく》した文章《ぶんしょう》を修正《しゅうせい》するのに時間《じかん》がかかります。機械《きかい》が聞《き》き取《と》りやすい話《はな》し方《かた》、同音異義語《どうおんいぎご》が少《すく》なく、漢字《かんじ》の変換《へんかん》ミスの少《すく》ない言葉《ことば》選《えら》びをして話《はな》す練習《れんしゅう》をしておくのもよいでしょう。

２つ目《め》は「周囲《しゅうい》の人《ひと》にサポートしてもらう」こと。

一般的《いっぱんてき》にも、自分《じぶん》のわからないことをわかっている人《ひと》に聞《き》いて、学《まな》び、身《み》につけていくのは大切《たいせつ》なことです。失敗《しっぱい》したことや、自分《じぶん》にはできないことをちゃんと言《い》えて、まわりからフォローしてもらえる人《ひと》はどんどん成長《せいちょう》できますよね。

仕事《しごと》をはじめとしたすべての社会生活《しゃかいせいかつ》というものは、ひとりですべてを担《にな》うものではありません。苦手《にがて》な部分《ぶぶん》はほかの人《ひと》に助《たす》けてもらい、また自分《じぶん》の得意《とくい》な部分《ぶぶん》では相手《あいて》を助《たす》け、お互《たが》い助《たす》け合《あ》い、補《おぎな》い合《あ》う関係《かんけい》は、発達性読《はったつせいよ》み書《か》き障害《しょうがい》、発達障害《はったつしょうがい》に限《かぎ》らず、だれにでも必要《ひつよう》なものです。僕自身《ぼくじしん》、研究者《けんきゅうしゃ》としては苦手《にがて》なことが多《おお》いので、ほかの人《ひと》と協力《きょうりょく》してチームを組《く》んで研究《けんきゅう》・発表《はっぴょう》をしています。

逆《ぎゃく》に、なんの障害《しょうがい》がなくても、人《ひと》に教《おそ》わるのが苦手《にがて》で社会《しゃかい》で困《こま》る人《ひと》はたくさんいます。得意《とくい》不得意《ふとくい》を補《おぎな》い合《あ》い、チームで仕事《しごと》をするにあたり、わからないことをだれにも言《い》わないで手遅《ておく》れになるまで抱《かか》え込《こ》むのは致命的《ちめいてき》です。助《たす》けてもらって教《おし》えてもらって、きちんとできるようになってランクアップしていくのが社会人《しゃかいじん》としての成長《せいちょう》です。

けれど、障害《しょうがい》がある場合《ばあい》はとくに、自分《じぶん》はここが苦手《にがて》だから助《たす》けてほしいと言《い》えないと、そういう関係《かんけい》を築《きず》くのは難《むずか》しいです。苦手《にがて》なことを助《たす》けてもらうためには、自分《じぶん》の苦手《にがて》をきちんと認識《にんしき》し、どのような状態《じょうたい》であるかを相手《あいて》に誤解《ごかい》なく伝《つた》えられるようになる必要《ひつよう》があると思《おも》います。

時間《じかん》はかかるけれど読《よ》めるのか、読《よ》めない字《じ》も多《おお》いのか。調《しら》べながらであれば書《か》くことはできるのか。調《しら》べながらでも長《なが》い文章《ぶんしょう》は書《か》くのが難《むずか》しいのか。状態《じょうたい》によって、必要《ひつよう》なサポートは変《か》わってきますので、まず本人《ほんにん》がきちんと伝《つた》えられなければ、周囲《しゅうい》の人《ひと》は理解《りかい》することができません。

相手《あいて》に伝《つた》わるように、自分《じぶん》の状態《じょうたい》を客観的《きゃっかんてき》な言葉《ことば》で説明《せつめい》できるようにしておきましょう。

3つ目《め》は、「対応策《たいおうさく》を考《かんが》える」。

LD《エルディ》・ディスレクシアセンターの卒業生《そつぎょうせい》で、ルート営業《えいぎょう》をしている人《ひと》がいます。彼《かれ》は出先《でさき》で、お客《きゃく》さんの名前《なまえ》や住所《じゅうしょ》をすぐに書《か》き留《と》められないことに困《こま》っていました。事務所《じむしょ》に帰《かえ》れば、郵《ゆう》便番号《びんばんごう》を入力《にゅうりょく》すれば番地《ばんち》の直前《ちょくぜん》まで住所《じゅうしょ》が入力《にゅうりょく》できますが、外《そと》でひとりでは難《むずか》しい……と。

ひと昔前《むかしまえ》までは、外《そと》で郵便番号《ゆうびんばんごう》から住所《じゅうしょ》を調《しら》べたり、名前《なまえ》を書《か》き留《と》めたりするのは難《むずか》しいことでした。もし今《いま》、こうした困《こま》りごとがあったとしたら、どういう対応策《たいおうさく》が考《かんが》えられるでしょうか？

タブレットを使用《しよう》して、その場《ば》で住所氏名《じゅうしょしめい》を打《う》ち込《こ》むこともできますし、スマートフォンでお客《きゃく》さんとの会話《かいわ》を録音《ろくおん》しておいて、事務所《じむしょ》に戻《もど》ってから入力《にゅうりょく》することもできます。

その彼《かれ》は、お客《きゃく》さんに書《か》いてもらったりしていたそうです。これもひとつの手段《しゅだん》ですね。

こうした対応力《たいおうりょく》を、就職《しゅうしょく》を目前《もくぜん》に身《み》につけようとしてもなかなか難《むずか》しいものがあります。

仕事《しごと》を媒介《ばいかい》とした他者《たしゃ》とのコミュニケーションを練習《れんしゅう》する場《ば》として、学生《がくせい》のうちにアルバイトをしてみることをおすすめします。

当《あ》たりはずれもありますし、そうした学校《がっこう》や先生《せんせい》ばかりではないとはいえ、基本的《きほんてき》には学校《がっこう》は児童生徒《じどうせいと》をサポートし、伸《の》ばそうとしてくれる場《ば》です。保護者《ほごしゃ》が関《かか》わらず、自《みずか》らサポートを申《もう》し出《で》ないとなにも情報《じょうほう》が伝《つた》えられない新《あたら》しい場《ば》で、「自分《じぶん》にはこういう苦手《にがて》、困《こま》りごとがあります」と伝《つた》え、サポートしてもらう練習《れんしゅう》を積《つ》めると良《よ》いですね。

目指《めざ》すのは、「支援《しえん》が必要《ひつよう》ない状態《じょうたい》」だと前《まえ》にも述《の》べました。

前項《ぜんこう》で紹介《しょうかい》した障害者採用枠《しょうがいしゃさいようわく》で働《はたら》いている人《ひと》を除《のぞ》いて、僕《ぼく》が知《し》っている発達性読《はったつせいよ》み書《か》き障害《しょうがい》のある成人《せいじん》の方《かた》はみな、社会的《しゃかいてき》な支援《しえん》はなく、家族《かぞく》や友人《ゆうじん》、職場《しょくば》の人《ひと》たちのサポートを得《え》て社《しゃ》会生活《かいせいかつ》を送《おく》っています。

これは、周囲《しゅうい》の人《ひと》たちとたしかな信頼関係《しんらいかんけい》を築《きず》けるかどうかにかかっています。お子《こ》さんがアルバイトを通《とお》して社会《しゃかい》に出《で》られる年齢《ねんれい》になったら、少《すこ》しずつ「他者《たしゃ》に頼《たよ》ること」、「サポートをお願《ねが》いすること」、「自分《じぶん》の状態《じょうたい》を自分《じぶん》で説明《せつめい》できること」、そして相手《あいて》の人《ひと》が困《こま》ってる場合《ばあい》にお手伝《てつだ》いすることの大切《たいせつ》さを教《おし》えてあげてほしいと思《おも》います。

(5)頼《たよ》れる人《ひと》を見《み》つけるルート作《づく》りを

子《こ》どもが小《ちい》さいうちは、困《こま》ったことが起《お》きたときにまず相談《そうだん》する相手《あいて》は保護者《ほごしゃ》です。けれど、子《こ》どもはいつまでも子《こ》どもではありません。

子《こ》どもの将来《しょうらい》というのは、高校《こうこう》を卒業《そつぎょう》したら終《お》わり、専門学校《せんもんがっこう》や大学《だいがく》を卒業《そつぎょう》したら終《お》わり、就職《しゅうしょく》ができたら終《お》わりというわけではありません。就職《しゅうしょく》できても、職場《しょくば》でなにか大《おお》きな失敗《しっぱい》をして、辞《や》めることになってしまうかもしれません。

悩《なや》んだとき、失敗《しっぱい》したときに相談《そうだん》できる相手《あいて》、それが生涯大切《しょうがいたいせつ》です。

そういったときに相談《そうだん》に乗《の》れるような良好《りょうこう》な親子関係《おやこかんけい》、家族関係《かぞくかんけい》を築《きず》いておくのも重要《じゅうよう》ですが、年頃《としごろ》になると、「保護者《ほごしゃ》に相談《そうだん》する」というのは普通《ふつう》は難《むずか》しいことです。保護者《ほごしゃ》というものは子《こ》どもに期待《きたい》を抱《いだ》くものですし、子《こ》どもは保護者《ほごしゃ》に心配《しんぱい》をかけたくないと思《おも》うものです。

家族《かぞく》が受《う》け入《い》れることは大前提《だいぜんてい》です。

最終的《さいしゅうてき》に、本当《ほんとう》に立《た》ち行《ゆ》かなくなった場合《ばあい》に頼《たよ》れる保護者《ほごしゃ》である、頼《たよ》ってもらえる親子関係《おやこかんけい》を築《きず》くことが大切《たいせつ》なのは言《い》うまでもありません。

でも、できればほかにも受《う》け入《い》れてもらえる人《ひと》、相談《そうだん》できる場所《ばしょ》が見《み》つかるといいなと思《おも》います。

小中学校《しょうちゅうがっこう》のときの特別支援教室《とくべつしえんきょうしつ》や学級《がっきゅう》の先生《せんせい》でもいい。塾《じゅく》の先生《せんせい》や家庭教師《かていきょうし》の先生《せんせい》でもいい。音楽《おんがく》やダンス、美術系《びじゅつけい》、運動系《うんどうけい》などほかの習《なら》い事《ごと》の先生《せんせい》でもいい。あるいは、僕《ぼく》と言《い》ってくれる人《ひと》もいます。数年《すうねん》ぶりに僕《ぼく》のところに連絡《れんらく》がきて、「どうしたらいいですか」と相談《そうだん》を受《う》けることもあります。

そういった、認《みと》めてくれる大人《おとな》と、関係《かんけい》を築《きず》ける場所《ばしょ》。そこにつながるルートを見《み》つけてあげられるといいですね。

これは障害《しょうがい》があり、人《ひと》に助《たす》けてもらう場面《ばめん》や失敗《しっぱい》してしまう可能性《かのうせい》が高《たか》いからこそ、保護者《ほごしゃ》が意識《いしき》しておいてほしい部分《ぶぶん》ではあるのですが、たとえなんの障害《しょうがい》がなくとも、人《ひと》はひとりでは生《い》きていけません。だれかを頼《たよ》り、頼《たよ》られ、助《たす》け合《あ》い、ともに生《い》きていきます。

そうした関係性《かんけいせい》は、学校生活《がっこうせいかつ》、地域社会《ちいきしゃかい》、仕事《しごと》を通《とお》して自然《しぜん》に見《み》つかる場合《ばあい》もありますが、見《み》つけられずに孤立《こりつ》して苦《くる》しむ人《ひと》もいます。

家族以外《かぞくいがい》にそういった人間関係《にんげんかんけい》を作《つく》るきっかけを作《つく》ってあげる、セッティングしてあげることは、保護者《ほごしゃ》にできる将来《しょうらい》に向《む》けての最大《さいだい》の仕事《しごと》だと思《おも》います。

うまく育《そだ》つかどうかはわかりませんが、まずはタネを蒔《ま》くことが大切《たいせつ》です。

保護者《ほごしゃ》が子《こ》どもをどのようにサポートしていくのかを考《かんが》える本《ほん》です、と最初《さいしょ》に書《か》きましたが、実際《じっさい》はいつまでも保護者《ほごしゃ》がサポートしていけるわけではありません。最終的《さいしゅうてき》な目標《もくひょう》は、保護者《ほごしゃ》だけじゃなくて、まわりのいろんな人《ひと》に助《たす》けてもらいながらも、国《くに》や社会《しゃかい》からの支援《しえん》なく自立《じりつ》して働《はたら》き、生《い》きていけることです。

困《こま》ったとき、保護者《ほごしゃ》がいなくても「子《こ》どもが相談《そうだん》できる相手《あいて》」を見《み》つけられる機会《きかい》を、ひとつでも多《おお》く作《つく》るように心《こころ》がけてあげてください。

フユ
…読《よ》み書《か》きが苦手《にがて》なことでバカにされたりからかわれた経験《けいけん》があるので
障害《しょうがい》についてはやっぱりいまだにまわりには自分《じぶん》からは言《い》えないでいます…
ナツ
私《わたし》は友達《ともだち》とか先生《せんせい》に言《い》ってます！
苦手《にがて》なことが多《おお》いから助《たす》けてほしいって
そのかわり私《わたし》も友達《ともだち》が困《こま》ってたら助《たす》けるんだー！
性格《せいかく》の違《ちが》いで兄妹《きょうだい》でもまるで正反対《せいはんたい》
とりあえずふたりともそうとう困《こま》った時《とき》はお母《かあ》さんに言《い》って…
うう
はいっ
わかった!!

エピローグ　子育《こそだ》てのゴール

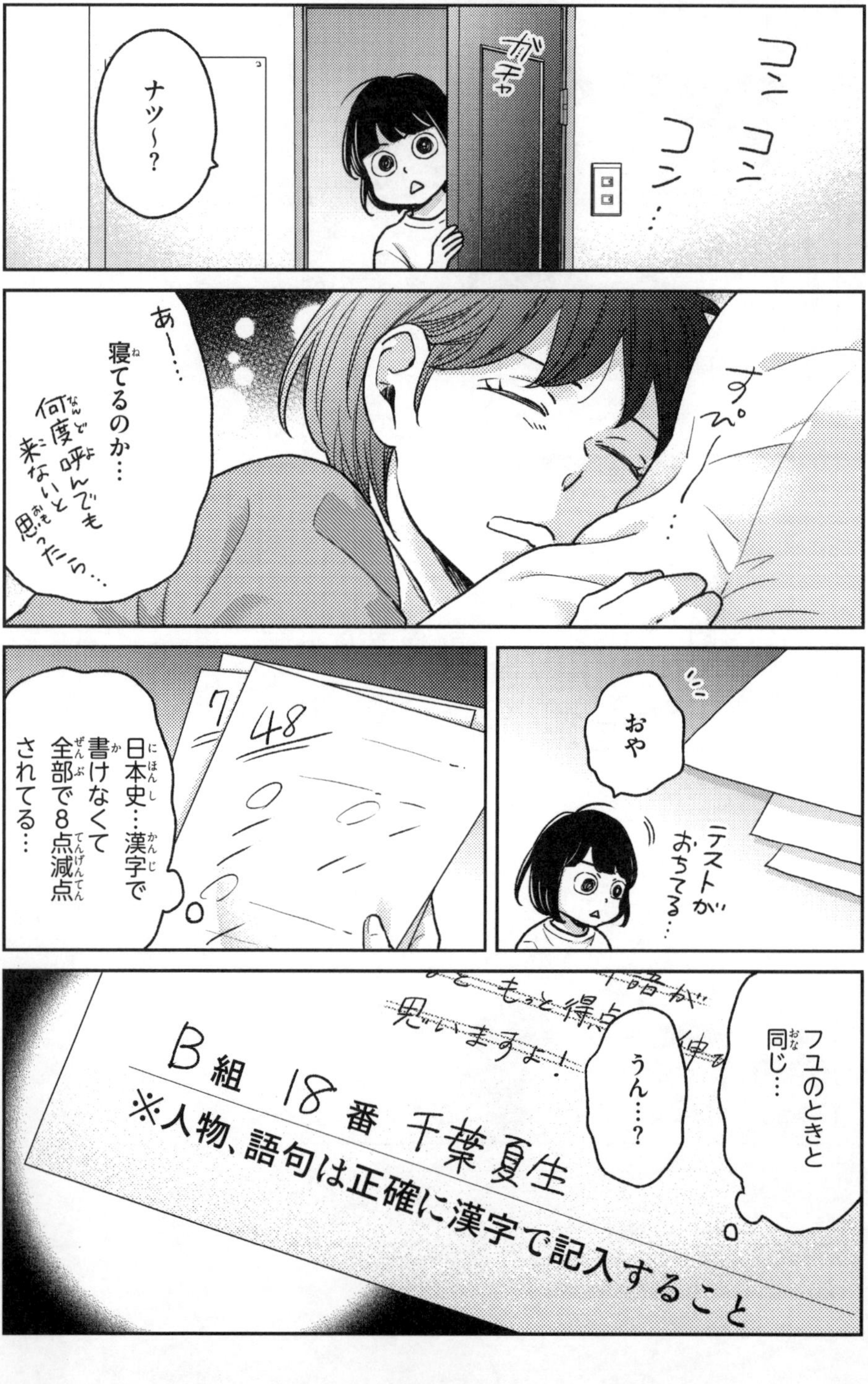
コン
コン
コン…
ガチャ
ナツ～？
すぴ…
あ～…
寝《ね》てるのか…
何度《なんど》呼《よ》んでも来《こ》ないと思《おも》ったら…
おや
テストがおちてる…
日本史《にほんし》…漢字《かんじ》で書《か》けなくて全部《ぜんぶ》で8点減点《てんげんてん》されてる…
フユのときと同《おな》じ…
うん…？
B組　18番　千葉夏生
※人物、語句は正確に漢字で記入すること

…二重線《にじゅうせん》で消《け》してある…？
ぶんめいかいか
んのせいかつ
漢字で記せる単語が
増えるともっと得点が伸びると
思いますよ！
3組　18番　千葉夏生
※人物、語句は正確
ばっ
あー
よく寝《ね》た！
そわっ
…ナツ
これ
うん？
ああそれ！減点《げんてん》
くやしくてさあ
答《こた》えは
合《あ》ってるでしょ？
どうしたって
覚《おぼ》えきれなかった
漢字《かんじ》だったから
わははは
先生《せんせい》に自分《じぶん》で
言《い》いに行《い》った
どうがんばっても
できないことなので
こういうことは
書《か》かないでほしいって

産休《さんきゅう》の先生《せんせい》の代《か》わりに来《き》てる先生《せんせい》だったから私《わたし》が漢字《かんじ》が覚《おぼ》えられないこと知《し》らないんだろうなって思《おも》って説明《せつめい》しに行《い》ったの
そしたら先生《せんせい》わかってくれて線引《せんひ》いて取《と》り消《け》してくれたんだよ〜
点数《てんすう》は変《か》わらないんだけど
理解《りかい》してもらえて良《よ》かったよ
…ほんと…良《よ》かったね！
うん！
…なんども繰《く》り返《かえ》しになるが
同《おな》じ発達性《はったつせい》読《よ》み書《か》き障害《しょうがい》であっても
本当《ほんとう》に人《ひと》それぞれまったく違《ちが》う

フユは…
まだまわりに自分《じぶん》の障害《しょうがい》のことを言《い》うのが怖《こわ》いらしい
でも今《いま》　専門学校《せんもんがっこう》に通《かよ》いはじめて
人生《じんせい》で一番楽《いちばんたの》しい…と言《い》っている
自分《じぶん》の苦手《にがて》なことを正直《しょうじき》に伝《つた》えて自分《じぶん》から助《たす》けを求《もと》められるようになれば
きっともっと世界《せかい》が広《ひろ》がるんじゃないかと思《おも》う
ナツは…
高校《こうこう》を無事《ぶじ》卒業《そつぎょう》できたらどうするの？
そろそろ進路《しんろ》…
うーんとね
美大《びだい》に行《い》きたい気持《きも》ちはあるけど…でも大学《だいがく》に行《い》くまでにも
大学行《だいがくい》ってからもずっと〝勉強《べんきょう》〟しないといけないでしょ？

私《わたし》…もう“勉強《べんきょう》”はしたくないかな
それなら自分《じぶん》のやりたいことを専門学校《せんもんがっこう》で学《まな》びたい
専門的《せんもんてき》なことをちゃんと「勉強《べんきょう》」したい!
興味《きょうみ》のある専門学校《せんもんがっこう》いっぱいあったよ
この間見学《あいだけんがく》行《い》った学校《がっこう》もすごかったよ!
へぇ〜
ふ〜ん
いっぱい見学《けんがく》行《い》きな!
うん!
道《みち》は…いくつもあるんだね
わははは
…これで合《あ》ってる?

子育《こそだ》てに
正解《せいかい》なんかないって
いうけど
つい正解《せいかい》を探《さが》してしまう
ずっと
迷《まよ》いながら
それでも私《わたし》は
じゃあ
食《た》べよう〜
ゆーいっ
フユにはフユへの
ナツにはナツへの
サポートを続《つづ》けている
まだまだ
これからだ
遅《おそ》めでもいい…
時間《じかん》がかかっても
いいから
ふたりとも
自分《じぶん》で自分《じぶん》の生活《せいかつ》が
立《た》てられるように
なってほしい

私《わたし》の思《おも》う
子育《こそだ》てのゴールは
「ひとり立《だ》ち」
いただきま〜す!!
宇野先生《うのせんせい》…これで
大丈夫《だいじょうぶ》でしょうか?
〜…
フラ…
フラ…
カレ〜…
お父《とう》さんの分《ぶん》も
ちゃんと
とってあるよ!!

あとがき

宇野先生《うのせんせい》とふたりで講演《こうえん》させていただいたことがきっかけで、この本《ほん》ができあがりました。

もともと「うちの子は字《じ》が書《か》けない」が出《で》たあとに、フユのその後《ご》を聞《き》かれることが多《おお》く、いつか続《つづ》きを描《か》ければいいなあと思《おも》っていました。

ちょうどナツも発達性《はったつせい》読《よ》み書《か》き障害《しょうがい》があるとわかり、同《おな》じ障害《しょうがい》を持《も》っていても、考《かんが》え方《かた》や感《かん》じ方《かた》は それぞれ違《ちが》うのだと改《あらた》めて気《き》づき、それをテーマに マンガ部分《ぶぶん》を描《か》きました。

ナツ、フユは日々《ひび》成長《せいちょう》し、しっかりと将来《しょうらい》を見据《みす》えることができるようになってきており頼《たの》もしいです。

3兄弟《きょうだい》の末《すえ》っ子《こ》のアキは発達性《はったつせい》読《よ》み書《か》き障害《しょうがい》はないのですがまた違《ちが》う問題《もんだい》を抱《かか》えています。

学校《がっこう》に行《い》かないといけないのはわかっているけれど、どうしても行《い》きたくない…実行《じっこう》にうつすことが、ものすごく難《むつか》しいようです。

兄弟《きょうだい》3人《にん》とも、各所《かくしょ》に相談《そうだん》しつつ、お互《たが》いに悩《なや》みを話《はな》し合《あ》いながらがんばっています。

同《おな》じような悩《なや》みを持《も》つ方々《かたがた》に、寄《よ》りそえる本《ほん》になれば幸《さいわ》いです。

千葉《ちば》リョウコ

「学校《がっこう》行《い》く意味《いみ》がわからないよ」
↗くちぐせ
子育《こそだ》ての悩《なや》みはつきない…
ポプラ社編集 浅井さん
フリー編集 山口さん
宇野彰先生
他…出版に携わって下さった
すべてのみなさん
ありがとうございます!!

おわりに　より良《よ》い学《まな》びの環境作《かんきょうづく》りを目指《めざ》して

千葉《ちば》リョウコさんとは、そもそもクライエントのお母様《かあさま》と相談役《そうだんやく》という関係《かんけい》でしたが、『うちの子《こ》は字《じ》が書《か》けない』の出版以来《しゅっぱんいらい》、漫才《まんざい》コンビのようなペアとしてボケと突《つ》っ込《こ》みの関係《かんけい》（8割《わり》は宇野《うの》がボケで、千葉《ちば》さんがツッコミ、時々立場《ときどきたちば》が逆転《ぎゃくてん》）になってしまいました。

ふたりで出席《しゅっせき》したある講演会《こうえんかい》の、保護者《ほごしゃ》や教員《きょういん》の方々《かたがた》の誤解《ごかい》しやすい点《てん》や、心配事《しんぱいごと》などのニーズに対応《たいおう》した質疑応答《しつぎおうとう》の内容《ないよう》を本《ほん》にしたらいいのではないか——と編集者《へんしゅうしゃ》の山口美生《やまぐちみお》さんに提案《ていあん》した結果《けっか》、この本《ほん》が生《う》まれることになりました。

１９９０年代半《ねんだいなか》ばは、発達性読《はったつせいよ》み書《か》き障害《しょうがい》（発達性《はったつせい》ディスレクシア）なんて本当《ほんとう》にあるのか？と小児科《しょうにか》の教授《きょうじゅ》や言語聴覚障害学《げんごちょうかくしょうがいがく》の教授《きょうじゅ》に疑問《ぎもん》を投《な》げかけられていた時代《じだい》でした。

２０００年頃《ねんごろ》には、私《わたくし》たちのグループは検査《けんさ》や研究《けんきゅう》だけしていて指導《しどう》はしていないという、真実《しんじつ》とは異《こと》なるうわさが流《なが》された時代《じだい》でした。当時《とうじ》は国立《こくりつ》の研究所勤務《けんきゅうじょきんむ》だったので誤解《ごかい》されたのだと思《おも》います。

２００４年《ねん》に筑波大学《つくばだいがく》へ異動《いどう》したのを契機《けいき》に、臨床施設《りんしょうしせつ》であるＮＰＯ《エヌピーオー》法人《ほうじん》ＬＤ《エルディ》・ディスレクシアセンターを立《た》ち上《あ》げました。といいますのは、２００６年《ねん》に読《よ》み書《か》きに関《かん》する習得度《しゅうとくど》を、ひらがな、カタカナ、漢字《かんじ》ごとに調《しら》べる日本初《にほんはつ》の検査《けんさ》である「小学生《しょうがくせい》の読《よ》み書《か》きスクリーニング検査《けんさ》（ＳＴＲＡＷ《ストロウ》）」を出版《しゅっぱん》しましたが、この検査《けんさ》により、読《よ》み書《か》きが困難《こんなん》であることが分《わ》かった子《こ》どもたちに対応《たいおう》する施設《しせつ》を事前《じぜん》に設立《せつりつ》したかったからです。

現在《げんざい》、私《わたくし》ども以外《いがい》にも、30時間近《じかんちか》い私《わたくし》の研修《けんしゅう》を受《う》けた教員《きょういん》のなかに、かなりのところまで指導《しどう》できる先生方《せんせいがた》（中核的教員《ちゅうかくてききょういん》）が、15人《にん》ぐらいと増《ふ》えてきています。茨城県《いばらきけん》に偏《かたよ》ってはいますが、千葉県《ちばけん》や名古屋市《なごやし》にもいらっしゃいます。そのような先生方《せんせいがた》を増《ふ》やす使命《しめい》が私《わたくし》にはあるのではないか、と思《おも》っております。茨城県《いばらきけん》のいくつかの市《し》では、市全体《しぜんたい》として中核的教員《ちゅうかくてききょういん》を育《そだ》てる案《あん》を作成中《さくせいちゅう》です。

また、早期発見早期対応《そうきはっけんそうきたいおう》システムについても、複数《ふくすう》の市《し》で少《すこ》しずつ構築《こうちく》されはじめています。

そのシステムとは、

⑴年長時《ねんちょうじ》の11月頃《がつごろ》に就学時健診《しゅうがくじけんしん》を行《おこな》う際《さい》、ひらがな10文字音読検査《もじおんどくけんさ》を実施《じっし》、

⑵その結果《けっか》に基《もと》づき、かな文字習得度《もじしゅうとくど》の低《ひく》いお子《こ》さんが一《ひと》クラスに偏《かたよ》らないように小学《しょうがく》1年《ねん》時《じ》の学級編成《がっきゅうへんせい》を考慮《こうりょ》し、担任教諭《たんにんきょうゆ》が丁寧《ていねい》に指導《しどう》、

⑶7月《がつ》には客観的《きゃっかんてき》な標準化《ひょうじゅんか》された検査《けんさ》である「標準読《ひょうじゅんよ》み書《か》きスクリーニング検査《けんさ》（ＳＴＲＡＷ《ストロウ》－Ｒ《アール》）」を実施《じっし》、ひらがなの書字《しょじ》に関《かん》する習得度《しゅうとくど》を測定《そくてい》し、その結果《けっか》を夏休《なつやす》み前《まえ》の保護者面《ほごしゃめん》

談《だん》にてフィードバック、

(4)『うちの小学校《しょうがっこう》は、ひらがな100%を目指《めざ》しています』と宣言《せんげん》してもらい夏休《なつやす》み中《ちゅう》に保護《ほご》者《しゃ》とともにひらがなを練習《れんしゅう》してもらい、

(5)夏休《なつやす》み明《あ》けに再度《さいど》STRAW《ストロウ》-R《アール》を実施《じっし》、

ここまでしっかり練習《れんしゅう》すると90%以上《いじょう》のお子《こ》さんはひらがなに問題《もんだい》がなくなります。それでも習得困難《しゅうとくこんなん》なお子《こ》さんは、発達性読《はったつせいよ》み書《か》き障害《しょうがい》である可能性《かのうせい》があります。ここで、前述《ぜんじゅつ》の中核的教員《ちゅうかくてききょういん》が対応《たいおう》することにより、1年生《ねんせい》にひらがな習得度《しゅうとくど》が遅《おく》れている児童《じどう》が一人《ひとり》もいなくなったという結果《けっか》を出《だ》した小学校《しょうがっこう》もありました。

欧米《おうべい》にはあって日本《にほん》にはない、そして必要《ひつよう》だと私《わたくし》が考《かんが》えているものがあります。それは、発達性《はったつせい》ディスレクシアのあるお子《こ》さんに特化《とっか》した学校《がっこう》です。英国《えいこく》や米国《べいこく》にそのような学校《がっこう》を見学《けんがく》に行《い》き、日本《にほん》にもできそうな手《て》ごたえを感《かん》じております。しかし、新聞《しんぶん》などで報道《ほうどう》されている学校法人《がっこうほうじん》の記事《きじ》を読《よ》むにつれ、とんでもない金額《きんがく》が必要《ひつよう》である現実《げんじつ》を今《いま》は知《し》っております。機会《きかい》があれば、LD《エルディ》・ディスレクシアセンターに週末《しゅうまつ》に通《かよ》い、平日《へいじつ》はそのような環境《かんきょう》で生活《せいかつ》できるような学校《がっこう》を設立《せつりつ》し、社会的《しゃかいてき》に成功《せいこう》してもらい、また社会《しゃかい》に貢献《こうけん》、還元《かんげん》できるような人物《じんぶつ》を育《そだ》てる役《やく》に立《た》ちたいと思《おも》っております。

もし、そのような学校設立《がっこうせつりつ》に協力《きょうりょく》してくださる企業《きぎょう》や個人《こじん》の方《かた》がいらっしゃるようでしたら、

ご連絡《れんらく》を頂戴《ちょうだい》できますと幸《さいわ》いです。

最後《さいご》に、出版《しゅっぱん》のきっかけとなった講演会《こうえんかい》を企画実施《きかくじっし》してくださった、茨城県立友部特別支援学校《いばらきけんりつともべとくべつしえんがっこう》と一般社団法人日本《いっぱんしゃだんほうじんにほん》ディスレクシア協会《きょうかい》 名古屋《なごや》の皆《みな》さまに御礼《おれい》を申《もう》し上《あ》げます。また、千葉《ちば》さんとふたりでの漫才《まんざい》……もとい講演《こうえん》のご希望《きぼう》がありましたら、ポプラ社《しゃ》にご連絡《れんらく》ください。

この本《ほん》が少《すこ》しでも皆様《みなさま》のお役《やく》に立《た》てましたなら、大変《たいへん》うれしく存《ぞん》じます。

２０２０年《ねん》１月《がつ》10日《にち》

宇《う》野《の》彰《あきら》

「うちの子は字が書けないかも」と思ったら
発達性読み書き障害の子の自立を考える

2020年2月28日　第1刷発行

著者　宇野 彰　千葉リョウコ

発行者　千葉 均

編集　　浅井四葉

装丁・DTP　関口 菫

構成・編集　山口美生

発行所　株式会社ポプラ社
〒102-8519　東京都千代田区麹町4-2-6
電話 03-5877-8109（営業）
03-5877-8112（編集）
一般書事業局ホームページ　www.webasta.jp

印刷・製本　中央精版印刷株式会社

N.D.C.916 215ページ 21cm ISBN978-4-591-16611-6

P8008278